par Desbans
V. L'épitre dédicatoire
pseudonyme de J. F.
Dreux du Radier
(d'après Barbier)

LES PRINCIPES

NATURELS

DU DROIT

ET DE

LA POLITIQUE.

A PARIS,

Chez {

CLAUDE PRUDHOMME, Grand'Salle du Palais, au sixiéme Pillier, à la bonn Foy couronnée.

ET

PIERRE-FRANÇOIS GIFFART, ruë S. Jacques, à l'Image sainte Therese.

M. DCC. XV.

Avec Approbation & Privilege du Roy.

A MONSEIGNEUR
VOYSIN,
CHANCELIER
DE FRANCE.

ONSEIGNEUR,

Il est surprenant qu'entre un si grand nombre de Jurisconsultes que la France a produit, il ne s'en trouve point qui ait pensé à examiner les Principes naturels du Droit & de la Politique. Ils dépendent ce-

pendant l'un & l'autre de la certitude de ces Principes ; & tant que ces premieres notions demeureront inconnuës, ou douteuses, on sera bien fondé à refuser le titre de Science à la Jurisprudence, aussi-bien qu'à l'Art du Gouvernement. Carneade, qui au rapport de Ciceron, persuadoit tout ce qu'il lui plaisoit, voulut faire passer pour un phantôme, la Justice que les Loix ont établie parmi les hommes. Grotius entreprit dans le dernier siecle de refuter cette opinion. Il proposa les raisons de ce Philosophe avec sincerité. Mais on sent, à lire ce qu'il dit pour les dé-

truire, la peine qu'il a eüe à
y réüffir. Vous jugez bien,
MONSEIGNEUR, par
l'obfervation que je fais, que
je ne fuis pas admirateur du
Corps du Droit Romain. Ce
n'eft pas que je le méprife : On
y voit des morceaux qui nous
font regreter les ouvrages d'où
ils font tirez, & où ils avoient
fans doute plus de beauté qu'ils
n'en ont déplacez, tronquez,
& peut être alterez & détour-
nez de leur fens. Nos voifins
ont fait attention les premiers
au defaut le plus effentiel de
cette Compilation. Il confifte
au defordre avec lequel le Droit
naturel, le Droit des Gens,

& le Droit Civil y sont con-
fondus ; tant par la faute des
Compilateurs , que par celle
des Jurisconsultes. De-là vient
que Grotius , Hobbes , &
Puffendorf se sont appliquez à
la recherche , & à la discus-
sion de ces differents Droits.
Je conviens qu'ils ont débroüil-
lé la Jurisprudence & la Politique. Mais les éclaircissemens
dont nous leur sommes rede-
bles , ne laissent-ils rien à desirer ? On peut traiter , ce me
semble , ces matiéres avec plus
de précision , & de méthode
qu'ils n'ont fait ; & ainsi les
mettre dans un jour éclatant.
J'ai eû la hardiesse , MON-

EPITRE

SEIGNEUR, de le tenter ;
& c'est à Vous & au Public,
& non pas à moi, à juger du
mérite de mon travail. Quand
je n'aurois pas tout-à-fait reüssi,
je ne rougirois pas de mon en-
treprise : je me sçaurois même
gré, si je l'ose dire, de ma
témérité. Le desir de servir sa
nation & de lui être utile, mar-
que toûjours un esprit bien fait,
& une ame élevée. Je prens la
liberté, MONSEIGNEUR,
de Vous présenter cet Ouvrage
destiné par sa nature, au Chef
de la Justice. Cela seul le rend
considerable : mais il est encore
singulier par sa brieveté & par
sa simplicité. VOSTRE

GRANDEUR me permettra, s'il lui plaît, de détromper les Curieux que ces qualitez rebuteront, au lieu de les attirer. Plus ce volume est petit, plus il a demandé de travail de ma part, pour y decider le nombre prodigieux de questions qu'il contient. La simplicité convient au dogme, à cause de l'obscurité qui y est attachée, & que le langage figuré ne feroit certainement qu'augmenter. Elle ne lui convient pas moins qu'à la vertu, dont Vous fournissez, MONSEIGNEUR, un illustre exemple par la modestie, & par la facilité qui accompagnent vos manieres & vos actions,

EPITRE.

même les moins privées & les plus propres au Ministere. On reconnoît à cet assemblage, la superiorité de merite, qui a déterminé le Roi à Vous honorer de la plus éminente dignité du Royaume. Plaise au Ciel, MONSEIGNEUR, que Vous la remplissiez long-tems, pour l'honneur du choix de SA MAJESTE', & pour la félicité des Peuples. Ce sont les vœux que fait,

MONSEIGNEUR,

DE VOSTRE GRANDEUR'

Le très-humble, très-obéis-
sant, & très-respectueux
serviteur, DESBANS,
Avocat en Parlement.

LE titre seul de cet Ouvrage excite la curiosité. Je tâcherai de la remplir, & j'espere en venir à bout, par la justesse de ma méthode. Je considere les hommes dans trois Etats, connus sous les noms célébres de Droit naturel, de Droit des gens, & de Droit civil. Mon premier soin est d'approfondir la nature de chacun de ces Etats. Je les définis & je les distingue; & leurs définitions, & leurs differences, me fournissent des maximes, dont je forme mes décifions Il n'eft pas furprenant qu'elles foient contraires , étant des fuites de maximes qui le font. La contrarieté de celles-ci , vient elle même de la difference de ces Etats, qui par cette raifon , ont chacun une Jurifprudence qui leur eft propre. C'eft pourquoi il ne faut pas étendre ce que je dis d'un Etat à l'autre : on gâteroit tout ; on confondroit des Droits que je me fuis pro-pofé de démêler , pour en marquer les limites , & pour donner une forme à une fcience qui a paru jufqu'ici arbitraire.

J'ai traité à peu près avec la même simplicité, la partie de la Politique, qui regarde le dehors des Empires. Je montre que les Princes sont plus interessez que les autres hommes, & que c'est l'interêt qui regle leur conduite. Ce principe posé, je vais mon train ordinaire, c'est-à-dire, que je raisonne. Le Lecteur a peut-être de l'impatience de sçavoir comment je m'en suis acquité. Je ne le retiendrai point, & je vais entrer en matiere.

Festina lenté.

TABLE

DES CHAPITRES.

TABLE

DROIT DES GENS.

CHAPITRE PREMIER. *EN combien de
manieres on
peut ceder ſon droit à un au-
tre dans cet Etat.*   29

des

DROIT CIVIL.

TABLE

ē ij

LA POLITIQUE.

DES CHAPITRES.

Fin de la Table.

tives , à compter du jour de la datte desdites Prefentes. Faifons défenfes à toutes fortes de perfonnes , de quelque qualité & condition qu'elles foient , d'en introduire d'impreffion étrangere dans aucun lieu de nô re obéïffance , & à tous Imprimeurs , Libraires & autres d'imprimer , faire imprimer , vendre , faire vendre , debiter , ni contrefaire ledit Livre en tout ou en partie , ni d'en faire aucuns extraits , fans la permiffion expreffe & par écrit dudit Expofant , ou de ceux qui auront droit de lui , à peine de confifcation des Exemplaires contrefaits , de quinze cens livres d'amende contre chacun des contrevenans , dont un tiers à Nous , un tiers à l'Hôtel - Dieu de Paris , l'autre tiers audit Expofant , & de tous dépens , dommages & interêts ; à la charge que ces Prefentes feront enregiftrées tout au long fur le Regiftre de la Communauté des Imprimeurs & Libraires de Paris, & ce dans trois mois de la datte d'icelles ; Que l'impreffion dudit Livre fera faite dans nôtre Royaume , & non ailleurs , en bon papier & en beaux caractares , conformément aux Reglemens de la Librairie ; & qu'avant que de l'expofer en vente , il en fera mis deux Exemplaires dans nôtre Bibliotheque publique , un dans celle de nôtre Château du Louvre , & un dans celle de nôtre tres cher & feal Chevalier Chancelier de France , le Sieur Voyfin , Commandeur de nos Ordres , le tout à peine de nullité des Prefentes ; du contenu defquelles vous mandons & enjoignons de faire joüir l'Expofant ou fes ayans caufe , pleinement & paifiblement , fans fouffrir qu'il leur foit fait aucun trouble ou empêchement. Voulons que la Copie defdites Prefentes, qui fera imprimée au commencement ou à la fin dudit Livre , foit tenuë pour duëment fignifiée , & qu'aux copies collationnées par l'un de nos amez & feaux Confeillers & Secretaires , foy foit ajoûtée comme à l'Original ; Commandons au premier nôtre Huiffier ou Sergent de faire pour l'execution d'icelles tous actes requis & neceffaires , fans demander autre Permiffion , & nonobftant

Clameur de Haro, Charte Normande, & Lettres à
ce contraires : CAR tel est nôtre plaisir. Donné à
Versailles le trente uniéme jour du mois de Juil-
let, l'an de grace 1715. & de nôtre Regne le
soixante-treiziéme. Par le Roy en son Conseil,

Signé, FOUQUET.

*Regiftré fur le Registre no. 3. de la Communauté des
Libraires & Imprimeurs de Paris, page 975. n°.
1280. conformément aux Reglemens, & notamment à
l'Arreft du Conseil du 13. Août 1703. A Paris le
5. Août 1715.*

Signé, ROBUSTEL, Syndic.

LE S

LES
PRINCIPES
NATURELS
DU· DROIT
ET DE
LA POLITIQUE.

Ce que c'est que la Jurisprudence,
& qu'elles sont les parties
qui la composent.

A Jurisprudence est la connoissance des devoirs & des droits de l'homme, selon les differens états où il peut être consi-

A

deré. Ces états font au nombre de trois, qu'on appelle en termes de l'art (*a*) le Droit naturel, le Droit des gens, & le Droit civil. Je ne m'arrêterai pas à expliquer cette définition ; la fuite en fera connoître la juftef-fe, & en démeflera les obfcu-ritez.

La Jurifprudence a deux parties, les principes fur lefquels elle raifonne, & les reglemens qu'elle propofe à obferver. Je ne parlerai ici que des princi-pes : je m'expliquerai quelque jour fur les reglemens.

(*a*) Ces états font mal nommez droits : le droit naiffant de la nature de l'état : mais ce langage eft à la mode, fauf à revenir.

DROIT NATUREL.

CHAPITRE I.

Idée de l'Etat naturel, & les principes sur lesquels roule la Jurisprudence de cet Etat.

L'Etat naturel est un état où l'on considere les hommes simplement comme hommes, & sans engagemens (*a*) les uns envers les autres. Or dans cet état tous les hommes sont (*b*) égaux, puisqu'ils sont tous également (*c*) hommes. Il s'en-

(*a*) Par ces engagemens nous entendons les volontaires, leur exclusion étant essentielle à l'état de nature.

(*b*) L'inégalité en qualitez d'esprit & de corps, qui peut se rencontrer entre les hommes, n'est ici d'aucune consideration.

(*c*) On n'a besoin que de cette égalité pour l'établissement des deux principes qui suivent.

fuit de là que perfonne n'a (*d*) droit fur un autre ; & que tout le monde a (*e*) droit à tout.

Ces deux confequences font les deux principes fur lefquels je vais établir tout ce que j'ai à dire de l'Etat & du Droit naturel.

(*d*) Le mot de Droit eft fort équivoque, il fignifie ici la puiffance qu'on a fur les perfonnes, ou fur les chofes.
(*e*) Dans cet Etat il n'y a ni partages ni conventions.

CHAPITRE II.

Que dans l'état naturel les hommes n'ont point d'autre regle de leur conduite que leur raifon.

DAns l'Etat naturel perfonne n'a droit fur un autre : donc perfonne n'en eft juge, ni maître ni fuperieur.

2°. Donc perſonne n'a droit de lui commander, de lui preſ-crire des loix, ni de l'obliger à quoi que ce ſoit.

3°. Donc les hommes n'ont point d'autre loi ni d'autre regle de leur conduite qu'eux-mêmes; c'eſt-à-dire, que leur raiſon & leur lumiere natu-relle.

4°. Donc ils ont droit de fai-re tout ce que leur raiſon juge permis & licite, & ils le peu-vent legitimement ; au contrai-re ils ne peuvent legitimement ce que leur raiſon juge illicite.

CHAPITRE III.

A quoi s'étendent la Loi & le Droit naturel.

LA Loi naturelle eſt ce que la nature même & la rai-ſon naturelle nous inſpirent :

or la nature nous inspire deux choses, l'amour de Dieu par dessus tout, & l'amour de nous-mêmes aprés Dieu ; cet amour de soi-même ; c'est-à-dire, cette inclination pour sa conservation : cette aversion pour tout ce qui peut nuire, est un mouvement si naturel, qu'il prévient nos réfléxions ; mais parce que l'homme reconnoît que tout ce qu'il a de bien & de perfection lui vient de Dieu, outre cet amour de soi-même, cette même nature, la raison naturelle lui inspirent encore un amour pour cet Auteur de toutes les perfections qu'il possede.

Voici donc à quoi se reduit la Loi naturelle, à aimer Dieu sur toutes choses, & à s'aimer soi-même aprés Dieu ; & ainsi tout ce qui n'est pas contraire à l'amour que nous devons à

Dieu, & que nous nous devons à nous-mêmes, appartient au Droit naturel : c'est-à-dire que l'homme dans l'état de nature peut faire ce que bon lui semble dans les choses qui ne repugnent point à ces deux amours.

Neanmoins comme l'homme ne se doit conduire que par sa raison dans les choses mêmes que cette raison laisse à sa liberté, il s'enfuit qu'il n'en peut ni n'en doit user que raisonnablement ; c'est-à-dire suivant ce que sa raison lui suggere. Le raisonnement est un discours de l'esprit, qui sur des principes tire des conclusions ; les premiers principes de la raison sont ceux que la lumiere naturelle inspire, & qui sans autre raisonnement sont connus d'eux-mêmes & comme imprimez dans la nature : or nous venons de voir

A iiij

que ce qui eſt ainſi imprimé &
inſpiré par la nature, c'eſt l'a-
mour de Dieu & de ſoi-même;
par conſequent le raiſonnement
n'eſt qu'un diſcours de l'eſprit,
qui de l'amour de Dieu & de
ſoi-même, comme de ſes principes, tire toutes ſes con-
cluſions, juge de tout ce qu'il
a à faire ou à ne pas faire; ainſi dans les choſes qui
ne concernent pas l'amour de
Dieu, c'eſt l'amour de nous-
mêmes, c'eſt-à-dire nôtre propre utilité, qui doit être la regle
& le principe de tous nos raiſonnemens; & par conſequent
la regle & la meſure du Droit
naturel, eſt l'Utilité.

CHAPITRE IV.

En quoi consiste l'amour de Dieu auquel nous oblige la Loi naturelle.

SAns entrer dans un détail de l'amour, étranger au sujet, aimer quelqu'un c'est lui vouloir du bien ; mais Dieu étant le souverain bien, & la source de tous les biens, nous ne pouvons lui en desirer aucun ; car on ne desire pas à une personne ce qu'elle a, mais ce qu'elle n'a pas. Tellement qu'il faut que l'amour que nous devons à Dieu consiste en autre chose qu'à lui vouloir du bien. L'amour naît quelquefois de l'estime, & il l'augmente, & un ami va au devant de ce qui peut faire plaisir à son ami. Voici donc en quoi confiste l'amour de Dieu, auquel nous oblige la Loi naturelle, dans une haute idée de fes perfections, & dans une prompte obéïffance à fes volontez. Mais d'un autre côté dans l'état naturel Dieu ne fait aucun commandement pofitif ; & ainfi l'obéïffance qui lui eft düe dans cet état ne confifte pas à lui obéïr en aucun point particulier, mais à être difpofé à executer fes ordres quand il en donnera.

CHAPITRE V.

Que l'Idolâtrie & toutes les fauffes opinions touchant la Divinité, font contraires à la Loi naturelle.

NOus venons de voir que l'amour de Dieu auquel nous oblige la Loi naturelle confifte en partie dans une haute idée des perfections de Dieu ; par conſequent la Loi naturelle nous oblige à le croire infini, immenſe, éternel, tout-puiſſant, un, &c.

Par conſequent l'Idolâtrie & toutes les fauſſes opinions touchant la Divinité ſont contraires à la Loi naturelle.

La Philoſophie a de quoi convaincre ceux qui ſe revolteront contre ces ſortes de raiſonnemens.

CHAPITRE VI.

Du culte qui eſt dû à Dieu par la Loi naturelle.

ON diſtingue deux ſortes de culte, l'un interieur, & l'autre exterieur ; on met le premier culte dans de grands ſentimens de la Divinité, & dans une parfaite soûmission du cœur; & par là ce culte ne diffère point de l'estime & de l'obéïssance interieure : c'est pourquoi aprés ce que nous avons dit de l'une & de l'autre, il n'est pas besoin de chercher de raison particu-liere pour prouver que la Loi naturelle ordonne de rendre à Dieu cette espece de culte. Le culte exterieur est une démonstration du culte interieur par des signes visibles; & comme ces signes ne sont que des marques arbitraires de l'estime & de l'obéïssance interieure, il resulte,

1°. Que le culte exterieur n'est pas un culte par lui-même.

2°. Que dans l'état naturel il est libre à chacun de rendre à Dieu le culte qu'il lui plaît.

3°. Que ce culte n'étant qu'une expression du culte interieur, il n'eſt pas neceſſaire à l'égard de Dieu qui connoît les penſées des hommes.

CHAPITRE VII.

Que dans l'état de nature tout homme a la qualité & la puiſſance de Prêtre.

C'Eſt une ſuite de ce que nous venons de dire ; car la qualité & la puiſſance de Prêtre conſiſte à pouvoir regler & exercer tout ce qui appartient au culte de Dieu. Or dans l'état de nature tout homme peut regler & exercer tout ce qui appartient à ce culte ; c'eſt ce que nous venons de prouver : mais il le faut encore prouver autrement. Suppoſons donc que tout homme n'ait pas ce pouvoir : par exemple que Pierre ne l'ait pas, qui eft-ce qui l'aura ? un autre ? mais cet autre n'a pas droit de lui commander, fuivant ce que nous avons établi ; que dans l'état de nature perfonne n'a droit de commander à un autre ; il n'a pas droit par conféquent de lui rien prefcrire touchant le culte de Dieu, ni de l'empêcher d'en exercer les fonctions : de forte que dans ce qui regarde ce culte nous n'avons point d'autre maître que nous-mêmes ; & ainfi chacun a droit de fe faire un culte tel qu'il lui plaît, & d'en exercer les fonctions : chaque particulier eft donc Prêtre dans l'état de nature.

CHAPITRE VIII.

A quoi s'étend la seconde partie de la Loi naturelle qui oblige l'homme à s'aimer soi-même.

S'Aimer soi-même, c'est se procurer tous les biens non seulement neceſſaires, mais encore utiles à ſa conſervation. La Loi naturelle oblige donc un chacun à ſe les procurer, excepté lorſque cela ne ſe peut faire ſans bleſſer l'amour de Dieu, c'eſt-à-dire ſans pecher contre l'eſtime ou l'obéïſſance qui lui eſt dùë ; car c'eſt en ces deux choſes que nous avons montré que conſiſte l'amour de Dieu. À l'égard de la premiere, il eſt certain que l'amour de ſoi-même ne lui eſt point contraire, rien n'empêchant qu'un homme

ne se procure tout ce qui l'accommode , & qu'il n'ait en même-tems tous les sentimens qu'il
doit avoir de la Divinité, c'est-
à-dire qu'il ne croye Dieu infini , immense, éternel, un , &c.
Il n'y a donc que l'obéïssance qui est düe à Dieu, à laquelle l'amour de soi-même
puisse donner atteinte, en ce qu'il
peut arriver qu'on passe par dessus ses ordres pour se procurer
quelque avantage. Mais dans
l'état de nature on ne peut jamais desobéïr à Dieu ni contre-
venir à aucun de ses ordres ,
parce que dans cet état il ne fait
aucun commandement positif ;
c'est pourquoi la crainte de manquer à l'obéïssance qui est düe
à Dieu, ne peut point empêcher
les hommes de s'aimer eux-mêmes , c'est-à-dire de se procurer
toutes leurs commoditez ; par
consequent

confequent il n'y a rien qui puiffe les empêcher de fe les procurer. Ils auroient même tort de ne le pas faire, comme nous l'allons voir dans le Chapitre fuivant.

CHAPITRE IX.

Qu'il eft déraifonnable de s'incommoder, fi ce n'eft lorfqu'il s'agit d'obéir à Dieu.

Nous devons nous aimer aprés Dieu, c'eft-à-dire moins que Dieu, & plus que toute autre chofe aprés Dieu. Il n'y a donc que Dieu feul pour qui l'on puiffe raifonnablement renoncer à l'amour de foi-même; ainfi la feule raifon qu'il peut y avoir de s'incommoder eft lorfqu'il s'agit d'obéir à Dieu. Celui donc qui s'incommode lorfqu'il n'eſt pas queſtion d'obéïr à Dieu, ou lorſqu'il peut lui obéïr ſans s'incommoder, celui-là, dis-je, s'incommode ſans raiſon, puiſ-qu'il ne peut y avoir que celle-là de le faire : par conſequent il eſt déraiſonnable de s'incommo-der lorſque Dieu ne le comman-de pas, ou que cela n'eſt pas ne-ceſſaire pour executer quelqu'un de ſes commandemens. Toute-fois on peut encore s'incommo-der avec raiſon, lorsqu'on le fait pour acquerir un grand bien, ou pour éviter une plus grande incommodité ; mais alors ce n'eſt pas tant ſe faire du mal que ſe procurer du bien, & c'eſt s'in-commoder pour s'accommoder.

Il s'enſuit de ce que nous ve-nons de dire qu'il eſt contre là raiſon de ſe tuer ſoi-même ; car je ſuppoſe que Dieu ne le com-mande pas, & qu'il ne ſoit pas

même neceffaire de fe porter à
cet excès pour executer aucun
de fes ordres. On ne peut donc
jamais avoir aucune raifon de fe
tuer, non pas même pour éviter
un plus grand mal, puifqu'il
n'en peut jamais arriver de plus
grand. Comme on ne peut pas
fe tuer foi-même, on ne peut
pas auffi fe laiffer tuer ; car c'eft
fe tuer foi-même indirectement.
Il faut donc défendre fa vie aux
dépens même de celle de l'ag-
greffeur : car dans l'état de nature il n'y a aucune loi de Dieu qui
oblige à ne fe point deffendre
quand on eft attaqué, & la raifon nous oblige de préferer nôtre vie à celle de tout autre. Elle
nous donne donc le droit de la
conferver aux dépens de celle des
perfonnes qui nous la veulent
ravir.

CHAPITRE X.

Que dans l'état naturel chacun a droit de s'emparer de ce qui n'est à personne en particulier.

JE passe au second principe que j'ai posé, sçavoir que dans l'état de nature tout le monde a droit à tout : voyons où ce principe nous mena. De ce que chacun a droit à tout, il s'ensuit par exemple, que Pierre a droit à toutes les choses ausquelles Paul a droit. Supposons donc que tous deux veulent avoir la même chose ; ils ne peuvent pas la posseder tous deux, il faut qu'elle soit à l'un au préjudice de l'autre. Comment vuider ce differend ? Pardevant des Juges ? Mais ils n'en ont point qui les puisse juger ; car c'est un de nos principes, que dans l'état de nature perfonne n'eſt juge d'un autre. Quand même ils s'en rapporteroient au jugement de quelqu'un, comment ce Juge les accorderoit-il ? il ne pourroit a juger la chofe à l'un au préjudice de l'autre, qu'à caufe que l'un y auroit plus de droit que l'autre ; mais ils y ont tous deux un droit égal. Il ne pourroit donc déterminer à qui des deux la chofe doit appartenir : c'eſt pourquoi que reſte-t-il, finon que le plus fort l'emporte, c'eſt-à-dire qu'il faut fe battre. Il n'y a donc que la force & la violence qui puiffe décider qui des deux aura la chofe.

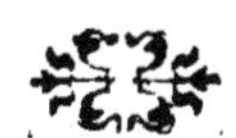

CHAPITRE XI.

Que dans l'état de nature on peut ravir sans injustice le bien que les autres possedent.

MAis quand par la force Pierre se sera rendu maître de la chose en dispute, il peut venir un tiers qui en ayant envie, & étant plus fort que Pierre, la lui enleve, & cela sans injustice ; car tout le monde ayant un droit égal à tout, Jean a droit à ce que Pierre possede. Or on peut legitimement se mettre en possession des choses ausquelles on a droit.

Jean peut donc s'emparer des biens de Pierre sans être injuste ; car on appelle injuste celui qui agit contre le Droit. Mais Jean a droit à ces biens ; il n'est donc pas injuste en s’en emparant.

Il s’enfuit de là que dans l’état de nature on ne peut commettre aucune injustice ; car l’injustice consiste à s’attribuer un droit qu’on n’a pas ; mais on a droit à tout : on ne peut donc commettre aucune injustice.

Il s’enfuit encore que dans cet état il n’y a aucune action qu’on puisse qualifier de vol ; car voler c’est prendre un bien qui ne nous appartient pas ; mais tout nous appartient dans cet état, puisque nous y avons droit à tout : nous ne pouvons donc y faire aucun vol.

Mais, dira-t-on, dans cette égalité de droit que chacun a, la premiere *occupation* limite le Droit, c’est-à-dire que les biens appartiennent de droit à celui qui s’en empare le premier. Mais qui est l’auteur de cette Jurisprudence ? Vous ? mais avez-vous le caractere de Legiſlateur pour diſpoſer de mes interêts ſans ma participation ? ne ſuis-je pas maître de mon droit ? ſi je ne veux point m'en dépoüiller, il me reſtera donc. En vain me direz-vous que j'en dois faire un ſacrifice au bien commun. Je ne ſuis pas de vôtre avis ; qui nous jugera ? Mais quand vous auriez raiſon, & que j'aurois tort, mon droit ſubſiſtera tandis que j'en demeurerai ſaiſi. Enfin le privilege du premier poſſeſſeur eſt une chimere ; la poſſeſſion n'ajoüte rien au droit ; c'eſt un moyen (*a*) de l'exercer, & rien davantage. Or ce moyen eſt ouvert à tout le monde & dans tous les tems, & par conſequent il eſt

(*a*) C'eſt-à dire que par la poſſeſſion l'on ne fait qu'entrer en joüiſſance de ſon droit, au lieu qu'elle en forme un par la Juriſprudence Romaine, *poſſideo, quia poſſideo.*

ouvert

ouvert au parefleux comme au diligent.

CHAPITRE XII.

Que l'Etat de nature eſt un état de guerre.

CE que nous avons dit touchant l'Etat de nature fait affez connoître que cet Etat eſt un état de guerre, mais un état de guerre de tous contre tous ; de ſorte qu'on peut dire de chaque particulier dans cet Etat ce que l'Ecriture dit d'Iſmael, *manus ejus contra omnes, & manus omnium contra eum.* Or l'inclination que la nature inſpire à l'homme pour ſa conſervation, lui doit faire rechercher la paix, & éviter la guerre ; car la paix contribuë à cette conſervation, au lieu que la guerre lui eſt contraire. C'eſt

C

pourquoi la raison dicte à l'homme d'éviter la guerre, & de rechercher la paix ; suivant ce conseil de l'Apôtre, *si fieri poteft quod ex vobis eft cum omnibus hominibus pacem habentes.* En un mot l'homme ne doit jamais entreprendre la guerre que pour pourvoir à sa sureté, & lorsque les maux de la guerre sont moindres que ceux qu'il veut éviter en l'entreprenant ; c'est-à-dire qu'il ne doit jamais entreprendre la guerre que pour avoir la paix.

CHAPITRE XIII.

Que la raison naturelle dicte aux hommes de renoncer au Droit qu'ils ont tous à tout.

SI les hommes peuvent donc se procurer la paix par un autre moyen que la guerre, la

raiſon naturelle leur dicte de la
choiſir : or ils peuvent ſe procurer la paix en renonçant au droit
qu'ils ont tous à tout. En effet
c'eſt ce droit qui les commet les
uns avec les autres dans l'Etat de
nature. Que les hommes renon-
cent donc au droit qu'ils ont
tous à tout, que chacun ſe con-
tente de ce qu'il a, qu'il cede
aux autres le droit qu'il peut prétendre ſur ce qu'ils poſſedent ;
& alors la paix regnera dans le
monde. Par conſequent la raiſon
naturelle dicte aux hommes de
renoncer au droit qu'ils ont tous
à tout par une ceſſion mutuelle
de ce qu'ils peuvent prétendre
les uns ſur les autres, & par une
promeſſe reciproque de ſe contenter chacun de ce qu'ils ont,
ſans rien entreprendre contre
les autres.

CHAPITRE XIV.

De la difference qu'il y a entre le Droit naturel & le Droit des Gens.

LE Droit naturel eſt ce qui eſt permis à l'homme conſideré ſans engagemens envers les autres, & par conſequent dans le Droit à tout ; le Droit des Gens au contraire eſt ce qui convient à l'homme ayant renoncé au premier Droit, & s'étant obligé aux autres par des conventions.

DROIT DES GENS*
CHAPITRE I.

En combien de manieres on peut ceder son droit à un autre dans cet état.

LA cession mutuelle que les hommes se font les uns aux autres du droit qu'ils ont tous à tout par l'institution de la nature, est le fondement du Droit des Gens. C'est un état où possedant quelque chose en propre ils sont libres d'en disposer de la maniere qu'ils le trouvent bon. Ces manieres se peuvent reduire à quatre, à la Donation & au

---

* L'Empereur Justinien dans ses Instituts l'a caracterisé tel que nous le traiterons ; & il faut convenir que l'idée qu'on en a communément le resserre trop ; outre que c'est le confondre avec la Politique.

Contrat, à la Promesse & au Pacte. En effet un homme peut transporter son droit à un autre, ou pour le present, ou pour l'avenir : De plus, il le peut faire en recevant de lui reciproquement un autre droit, ou à pur & à plein sans en rien recevoir. Lorsqu'il cede son droit à un autre pour le present, sans rien recevoir de lui, cela s'appelle Donation ; s'il en reçoit mutuellement un autre droit, cela s'appelle Contrat : Lorsqu'il ne le cede que pour l'avenir, s'il le cede gratuitement, cette cession s'appelle Promesse ; si la cession est mutuelle, c'est un Pacte.

Mais de quelque maniere qu'un homme cede son droit, il faut que celui à qui il le cede, l'accepte, afin qu'il passe en sa personne ; car s'il ne l'accepte pas, celui qui le cede n'en est point

défaiſi ; & parce que celui qui
cede ſon droit doit connoître ſi
ce droit eſt transferé, ou s'il en
eſt encore le maître, il s'enſuit
qu'il doit connoître ſi celui à qui
il le cede l'accepte ou ne l'accepte
pas : Mais il ne le peut connoître
que par des ſignes exterieurs,
comme celui à qui le droit eſt
cedé ne le peut apprendre que
par des ſignes exterieurs, les hommes ne pouvant découvrir par
d'autre voye les volontez les uns
des autres. Il s'enſuit donc que
toute ceſſion & acceptation de
droit ſe doit faire par quelque
ſigne exterieur. Ces ſignes exterieurs ſont tous ceux qui peuvent faire connoître les volontez des hommes.

CHAPITRE II.

De la Donation.

PAr la Donation le donateur se dépoüille actuellement du droit qu'il avoit à la chose donnée, & il met un autre dans la joüiïssance actuelle de ce droit.

Donc par la Donation le donateur perd son droit, & le donataire le recueille.

2°. Donc la Donation est irrevocable de sa nature.

3°. Donc le Donataire a droit de contraindre (*a*) le donateur, & de s'emparer par force de ce qui lui a été donné ; & si le donateur n'a plus ce qu'il a donné,

(*a*) Dans le Droit des Gens il n'y a point de puissance publique : ainsi chacun peut se faire justice.

le donataire a droit de l'obliger
de lui donner l'équivalent, & de
s'en saisir lui-même par force.

Il faut bien distinguer la substance de la Donation d'avec le
motif, qui n'en est qu'un accident. Cet accident peut être vicieux ; mais si le donateur avoit
droit à la chose donnée, le vice
de l'accident n'a pû rendre la
Donation nulle, parce qu'il n'a
point alteré le droit du donateur,
qui par consequent l'a pû transs-
porter. Le donataire de son côté
entrant dans le droit du donateur, il devient maître legitime
de ce qui lui est donné, quoique le motif pour lequel on lui
donne ne soit pas dans les regles.

CHAPITRE III.

De la Promeſſe.

LA Promeſſe eſt un acte par lequel un homme s'oblige dans le tems preſent à faire une choſe dans le tems à venir.

Donc celui à qui la Promeſſe a été faite a droit de contraindre celui qui la lui a faite, à l'exe-cuter.

2°. Donc comme la choſe n'a été que promiſe, celui qui l'a promiſe ne s'eſt point déſaiſi du droit qu'il y avoit, & il n'y a donné aucun droit à l'autre.

3°. Donc ſi celui qui l'a pro-miſe n'execute pas ſa promeſſe, celui à qui elle a été faite ne peut pas s'emparer de la choſe promiſe.

4°. Donc comme nous avons

dit , ce dernier peut feulement contraindre celui qui la lui a promife à la lui mettre entre les mains.

Il y a plufieurs obfervations à faire touchant les Promeffes. 1°. Celui qui promet doit avoir droit à la chofe promife ; cependant il n'eft pas neceffaire qu'il y ait droit dans le tems qu'il la promet ; c'eft affez qu'il y ait droit dans celui où il doit executer fa promeffe.

20. Il faut que ce qu'on promet foit raifonnable ; car bien loin que les Promeffes déraifonnables obligent, la raifon nous défend de les tenir, puifque ne point fe dédire d'une Promeffe déraifonnable, c'eft adherer à une chofe qui eft déraifonnable & vicieufe : or il eft contre la raifon d'adherer à une chofe qui eft déraifonnable & vicieufe.

Il est donc contre la raison de ne point se dédire d'une Promesse déraisonnable.

3°. Il faut que celui qui promet ait l'usage libre de sa raison. Voilà pourquoi les Promesses des enfans & des foux sont nulles.

4°. L'objet de la Promesse doit être quelque bien ; car si c'est un mal, la Promesse est déraisonnable : or ce bien doit être un bien indifferent, c'est-à-dire qu'on puisse faire ou ne pas faire, parce que si c'est un bien auquel on soit obligé, & qu'on ne puisse omettre sans manquer à son devoir, il est inutile (*a*) de le promettre.

5°. Ce doit être un bien à l'égard de celui à qui on le pro-

(*a*) Comme il y a neanmoins des biens qu'on ne peut exiger, quoique dûs, par exemple le retour d'un bienfait, la promesse de ces biens n'est pas inutile, puisqu'elle met en droit de les exiger.

met ; car promettre quelque chose à quelqu'un, c'est s'obliger à
lui, c'est soumettre nôtre volonté à la sienne : or un homme ne
veut de nous que ce qui lui est
utile. Nous ne pouvons donc lui
promettre que ce qui lui est utile ; à plus forte raison ne lui
pouvons-nous promettre ce qui
lui est préjudiciable.

6ᵉ. Il faut encore que ce soit
un bien à l'égard de celui qui le
promet, l'homme ne pouvant
être porté à faire du bien aux
autres que par la vûë de quelque avantage qui lui en revient ;
d'où il s'enfuit que s'il n'y a aucune utilité pour lui dans ce qu'il
promet, il est déraisonnable de
le promettre ; puisque suivant ce
que nous avons dit, les principes de tous nos raisonnemens
sont l'amour de Dieu & l'amour
de nous-mêmes ; par conséquent

où il n'y a point d'amour de
Dieu ou d'amour de nous-mêmes, il n'y a point de bon rai-
fonnement, il n'y a point de raifon d'agir ; fi donc on agit, c'eft
fans raifon. Mais il faut obferver que fous le nom d'utile je
n'entends pas feulement les avantages grofliers, mais encore tout
ce qui eft avantageux à l'homme en quelque maniere que ce
foit ; par exemple, la réputation
de liberal & de bienfaifant eft
tres-avantageufe à l'homme ;
ainfi il peut faire du bien par le
feul motif de paffer pour liberal
& bienfaifant. De même c'eft
un avantage de paffer pour homme de parole ; fi bien qu'après
avoir promis, outre les autres
motifs qu'on peut avoir de tenir
fa promeffe, celui de paffer pour
homme de parole doit être d'un
grand poids ; & quand on pour-

roit legitimement se dispenser de tenir sa promesse, neanmoins si on ne le pouvoit faire sans passer, quoi qu'à tort, pour un homme sans parole, ce seul motif devroit porter à tenir sa promesse.

7°. Enfin il faut que ce bien soit tel à l'égard de celui qui promet & à qui on promet, qu'il surpasse les peines ausquelles s'expose celui qui promet. Toute promesse est onereuse de sa nature à celui qui la fait, quand elle n'auroit autre chose que cette obligation qui lui lie les mains, & qui contraint sa liberté. Mais outre cette contrainte, souvent pour executer sa promesse il faut encore s'incommoder beaucoup. Or quand les incommoditez sont plus grandes que le bien promis n'est avantageux à l'un & à l'autre,

la promeffe (*b*) n'oblige plus ;
car fuivant nos principes il n'eft
raifonnable de s'incommoder
que lors qu'il s'agit d'acquerir
un grand bien, ou d'éviter un
grand mal ; & par confequent
il eft déraifonnable de tenir fa
promeffe, lorfque pour la tenir
il y a plus à fouffrir qu'il ne
peut revenir d'avantage de fon
execution. Il s'enfuit de là qu'il

(*b*) Dans le Droit des Gens, tel que nous le
fuppofons ici, c'eft-à dire de particulier à particulier, & hors de la focieté civile, celui qui
aura promis fera donc maître de tenir ou de
ne pas tenir fa promeffe, puifqu'il fera juge des
circonftances où elle oblige, & où elle n'oblige
point. Je l'avoüe, & c'eft une fuite de l'état
qu'on examine, l'homme n'y ayant point
d'autre juge que fa raifon & fa lumiere naturelle. Les Etats, me direz-vous, font entre
eux comme les particuliers dans le Droit naturel & le Droit des Gens. La maxime eft
vraie en general, & non pas univerfellement ;
car les obligations font plus étroites d'Etat à
Etat, que de particulier à particulier dans le
Droit des Gens : la raifon eft que l'intereft
des peuples exige que les Etats puiffent traiter
fûrement les uns avec les autres,

n'y

n'y a aucune promeſſe qui oblige à l'égard des hommes juſques
aux dépens de la vie. Il s'enſuit encore qu'on ne peut s'obliger par aucune promeſſe à ſe
tuer ſoi-même, ni à ſe laiſſer
tuer.

89. Il faut que celui qui promet, connoiſſe ce qu'il promet ;
car dans ce qu'il ne connoît pas,
il eſt comme un homme qui n'a
pas l'uſage de la raiſon, puiſqu'il ne ſçauroit raiſonner ſur
ce qu'il ne connoît pas. De plus
celui qui promet une choſe qu'il
ne connoît pas, court riſque de
promettre une choſe déraiſonnable : or il eſt contre la raiſon
de ſe mettre au hazard de promettre une choſe déraiſonnable.
La raiſon ne veut donc pas qu'on
promette ce qu'on ne connoît
point. Enfin il n'y a dans la promeſſe que ce qu'on y a voulu

D

mettre, puisque la promesse n'est
autre chose qu'un acte de la volonté qui s'engage à vouloir une
chose, ou plûtôt qui la veut
actuellement pour le tems à venir : mais on ne peut jamais dire
qu'un homme ait voulu ce qu'il
n'a pas connu. Par conséquent
on ne peut jamais promettre ce
qu'on ne connoît pas. On voit
par là le jugement qu'il faut faire des promesses generales, telles
que celles-ci, je ferai tout ce
que vous voudrez, je vous don-
nerai tout ce que vous me de-
manderez ; & des promesses que
l'on fait d'une chose avant que
de sçavoir quelle elle est, comme dans ces rencontres, me pro-
mettez-vous de me donner ce
que je vais vous demander, de
faire ce que je vous dirai?

9°. Les Promesses faites par
fraude, par surprise, & par

inconsideration , font nulles , parce que dans tous ces cas on promet ce qu'on ne veut point ; & par conſequent on ne le promet pas , puiſqu'on ne promet pas ce qu'on ne veut pas. Qüand je dis que celui qui promet ne veut pas ce qu'il promet ; c'eſt à cauſe que ſe figurant la choſe autre qu'elle n'eſt , il ne la veut pas comme elle eſt , mais comme il ſe la figure.

10º. Les accidens qui ſurviennent après la promeſſe , & qui auroient détourné de la faire s'ils avoient été prévûs , la (*c*) rendent encore nulle ; car comme je ne l'aurois point faite ſi je les avois prévûs , je

(*c*) C'eſt que dans cette circonſtance la promeſſe n'eſt point raiſonnable ni volontaire; & par conſequent elle eſt nulle de particulier à particulier. Nous avons répondu dans la note précédente à l'objection qu'on pourroit former d'Etat à Etat.

suis censé ne l'avoir point faite lorsqu'ils surviennent. Que faut-il donc dire ? Que lorsque ces accidens arrivent ils changent tellement la nature de la chose, que ce n'est plus ce qui a été promis. Or ce qui a été promis n'étant plus, la promesse n'est plus aussi. Mais si dans la promesse tous les accidens qui peuvent survenir ont été prévûs, alors quelque accident qui arrive, la promesse a lieu ; parce que celui qui a promis a voulu & promis la chose avec ses accidens : mais quand les accidens n'ont été prévûs qu'en general, on ne les doit entendre que de ceux qui arrivent ordinairement.

11°. Les promesses faites par crainte ne sont pas obligatoires ; car quoique la crainte n'ôte pas l'usage de la raison,

» elle ôte neanmoins la liberté.

12°. Les promeſſes faites ſous
» condition n'obligent point juſ-
» ques à ce que ces conditions
» ſoient accomplies ; mais ſi ces
» conditions le ſont, & qu'elles
» conſiſtent en ce que celui à qui la
» promeſſe ſe fait donne quelque
» choſe à celui qui promet, alors
» ou la choſe donnée ſe peut rendre,
» ou elle ne le peut ; ſi la choſe
» donnée ſe peut rendre, & que ce-
» lui qui l'a reçuë la rende, il eſt
» dégagé (*d*) de ſa promeſſe ; mais

(*d*) La difficulté conſiſte en ce que la condition étant accomplie, il ſemble que la promeſſe doit être auſſi executée. Je répons que
quand celui qui a promis, pour ſe diſpenſer
de tenir ſa promeſſe, rend à l'autre qui a
accompli la condition ce qu'il en a reçû, il ne
lui fait point de tort, puiſqu'il ne lui retient
rien, & qu'il le remet au même état où il
étoit avant la convention. En ſecond lieu,
c'eſt un privilege du Droit des Gens que
l'homme y eſt ſeul juge de ſes actions, & par
conſequent de ſes promeſſes ; mais ce privilege n'a point lieu d'Etat à Etat, par la rai-

ſi la condition conſiſte dans une
choſe qui ayant été donnée ne
peut pas être renduë, ou dans
une action qui ayant été faite ne
peut pas ſe défaire, la condition
accomplie, on eſt obligé indiſpen-
ſablement de tenir ſa promeſſe ;
car comme c'eſt la condition qui
dans les promeſſes conditionnées
fait l'obligation, on doit juger
de l'obligation par la condition ;
c'eſt pourquoi ſi la condition eſt
telle qu'elle ne puiſſe ne pas être,
la promeſſe eſt telle auſſi qu'elle
ne peut ne pas obliger ; & par
conſequent elle eſt indiſpenſa-
ble : cela ſuppoſe toutefois que
la choſe promiſe ne ſoit pas mauvaiſe de ſa nature. Il reſulte de
là que les promeſſes faites ſous
des conditions vicieuſes & illici-

ſon que nous avons dite ailleurs. Sçavoir ſi
la force des conventions conſiſte plus dans le
lien que dans l'avantage reciproque des parties, problême propoſé aux Juriſconſultes,

res, ne laiſſent pas d'être vala-
bles & obligatoires, lorſque ces
conditions ſont accomplies,
pourvû que les choſes promiſes
ne ſoient pas mauvaiſes de leur
nature.

13°. Enfin la derniere condition pour rendre une promeſſe
valable & obligatoire eſt qu'elle
ſoit acceptée par celui à qui on
la fait ; c'eſt pourquoi elle peut
être revoquée avant que celui à qui elle a été faite l'ait
acceptée.

Il s'enſuit encore de là qu'on
peut être déchargé de ſa promeſſe en deux manieres ; ou parce que celui à qui on l'a faite ne
l'a pas acceptée ; ou parce qu'il
y a renoncé après l'avoir acceptée : & quoique ce ſoit ſans
raiſon qu'il ne l'ait pas acceptée,
ou qu'il y ait renoncé après
l'avoir acceptée ; il n'importe,

la promeſſe n'oblige plus , le defaut d'acceptation ou la renonciation ont levé l'engagement.

Il s'enſuit encore qu'on ne peut promettre qu'à ceux qui peuvent accepter & faire connoître leur acceptation par des ſignes exterieurs ; car comme nous avons dit au Chapitre premier de ce Traité, pour rendre la Promeſſe valable & obligatoire, non ſeulement il faut que la Promeſſe ſoit acceptée , mais encore que ſon acceptation ſoit manifeſtée par des ſignes exterieurs..

CHAPITRE IV.

De la difference qu'il y a entre la Donation & la Promeſſe.

DE ce que nous venons de dire on peut juger de la difference

difference qu'il y a entre la Donation & la Promesse. La Donation ne se peut revoquer, mais la Promesse le peut. En effet par la Donation le Donateur cede actuellement son droit à un autre. Ainsi dans l'instant de la Donation le Donateur perd son Droit, & le Donataire en prend possession. C'est pourquoi la Donation est irrevocable de sa nature. Quelque déraisonnable que soit donc la Donation, quelque folie qu'ait faite le Donateur de donner, sa Donation est valable & irrevocable ; parce qu'il n'est plus maître de ce qu'il a donné, son Droit est passé dans une main étrangere. Il ne peut donc point repeter ce qu'il a donné. Mais celui qui promet ne cede point son Droit à un autre ; il dit seulement qu'il le cedera : Or ce qui n'est pas fait, mais qui eſt encore à faire , peut ne ſe pas faire. Ainſi la ( ) Promeſſe eſt revocable de ſa nature.

(*a*) Le Droit des gens a une carriere plus vaſte que le Droit civil. Cette difference vient de ce que l'un eſt fondé ſur la raiſon , & l'autre ſur l'authorité, dont les bornes ſont plus reſſerrées que celles de la raiſon. Rien ne geſne celle-ci. Aprés avoir examiné le fonds des choſes , elle prononce ſouverainement ſur leurs proprietez & leurs differences,

---

CHAPITRE V.

Du Preſt.

LE Preſt eſt une Donation pure & ſimple pour un tems. Donc celui qui a prêté ne peut repeter avant ce tems la choſe prêtée.

2°. Donc s'il la repetoit il commettroit une injuſtice, & celui qui a emprunté auroit droit de refuſer la choſe en queſtion.

Les choses que l'on prête se consument par l'usage, comme du pain & du vin, ou elles demeurent après l'usage, comme des meubles. Celui qui a emprunté des choses qui se consument par l'usage, n'est pas obligé de les rendre en nature, mais en équivalent. Celui au contraire qui a emprunté des choses qui demeurent après l'usage, est dans l'obligation de les rendre en nature.

Donc celui qui emprunte des choses qui se consument par l'usage, devient proprietaire des choses qu'il a empruntées.

2°. Donc la perte ou le gain qui peut arriver dans le rabais ou le rehaussement des especes, tombe sur lui.

3°. Donc il peut prêter à un autre les choses qu'il a empruntées.

Donc celui qui emprunte des chofes qui demeurent après l'ufage, n'eft pas proprietaire des chofes qu'il a empruntées.

2°. Donc il ne repond point de ce qui peut arriver à la chofe prêtée, à moins qui n'y ait de fa faute.

3°. Donc il ne peut vendre, donner, ni prêter les chofes qu'il a empruntées.

Comme le Preft fe peut faire pour un tems préfix, il fe peut faire aufsi pour un tems indeterminé. Dans ce dernier cas le tems eft à la volonté de celui qui prête, ou de celui, à qui l'on prête. Si le tems eft à la volonté de celui qui prête, il peut, quand il voudra, repeter la chofe prêtée, & celui à qui le Preft eft fait, ne peut refufer legitimement de la rendre. Que s'il ne l'a pas, il eft obligé de don-

ner l'équivalent, & de faire justice à celui qui lui a prêté, du
dommage qu'il a souffert par le
retardement de la restitution.
En effet dans le Prest dont le
terme est à la volonté de celui
qui prête, celui à qui l'on prête n'a de droit sur la chose qu'autant que le veut celui qui lui a
prêté : dès le moment donc qu'il
ne veut plus qu'il ait de droit sur
la chose prêtée, il rentre dans son
droit sur cette chose, & celui à
qui il a prêté n'y en a plus aucun.
Si le terme du Prest est à la volonté de celui à qui l'on prête, ce
Prest doit être considéré comme
une Donation pure & simple
pour toûjours ; puisque celui à
qui l'on prête ne rendra la chose
que quand il voudra : d'où il s'ensuit qu'il ne la rendra jamais
s'il veut.

E iij

CHAPITRE VI.

Du Pacte.

LE Pacte eſt une promeſſe conditionnelle par laquelle l'un s'engage à une choſe, à condition que l'autre lui en donnera, ou en fera une autre.

Mais ou les deux Parties ne s'engagent que par promeſſes, ou bien l'un fait ou donne quelque choſe actuellement, & l'autre promet ſeulement de faire ou de donner.

Je ſuppoſe donc que les deux Parties ne s'engagent que par promeſſes, ou que le Pacte ne ſoit qu'une promeſſe mutuelle. Donc l'un & l'autre des contractans peuvent reſilir dans les circonſtances où les promeſſes ſe peuvent revoquer.

2°. Donc pour resoudre cette sorte de Pacte, il suffit qu'une des deux Parties manque à sa parole.

Dans la seconde espece de Pacte l'un fait ou donne quelque chose actuellement, & l'autre promet seulement de faire ou de donner: donc cette seconde espece de Pacte est une promesse conditionnelle, mais dont la condition est accomplie.

2°. Donc il faut raisonner de ce Pacte comme des promesses faites sous condition lorsque la condition est accomplie: c'est-à-dire que si la condition est une chose qui se puisse rendre ou défaire, on peut se dégager du Pacte; mais si la chose ne se peut rendre ou défaire, il faut satisfaire au Pacte.

3°. Donc dans ce Pacte il n'y a qu'une des Parties qui puisse resilir: car l'autre l'a déja accompli.

CHAPITRE VII.

Du Contrat.

LE nom de Contrat eſt commun à toutes les promeſſes mutuelles & à tous les Pactes, en un mot à toutes les Donations qui ne ſont pas pures & ſimples, mais conditionnées ; c'eſt-à-dire où l'on ne donne que ſous des conditions & des charges impoſées au Donataire. Neanmoins à proprement parler, le Contrat eſt une Donation mutuelle, par laquelle l'un & l'autre des contractans ſe donnent mutuellement dans le tems preſent. Donc le Contrat eſt diſtingué de la promeſſe mutuelle où l'on ne donne rien pour le preſent, mais on promet ſeulement de donner ; & du Pacte où l'un des contractans ne donne pas aussi pour le present, mais il s'oblige seulement de donner.

2°. Donc le Contrat est consommé & accompli en même tems qu'il est passé ; mais le Pacte & les promesses mutuelles ne s'accomplissent qu'après qu'elles ont été faites.

3°. Donc le Contrat est irrevocable de sa nature ; car c'est une donation mutuelle, & toute donation est irrevocable, comme nous avons dit.

Le fondement de tous les Contrats & de toutes les conventions & Donations est que personne n'est obligé de donner à un autre ce qui lui appartient ; car s'il étoit obligé de le lui donner, il faudroit que cet étranger y eût quelque droit. Or personne que moi n'a droit à ce qui m'apartient; parce que s'il y avoit droit, ou je n'y en aurois aucun, ou nous y aurions tous deux un droit égal : si je n'y ai aucun droit, la chose ne m'appartient pas, mais à lui ; si nous y avons un droit égal, elle ne m'appartient pas plus qu'à lui. Par consequent je ne suis pas obligé de donner à un autre les choses qui m'appartiennent, dont je suis le maître & le proprietaire. Si je ne suis point obligé de donner à un autre ce qui m'appartient, je puis donc ne le lui point donner, si je veux. Or ce que je puis ne point donner, je puis ne le donner qu'aux conditions qu'il me plaira. Neanmoins il faut considerer que les hommes par leur nature ont toûjours un droit égal à tout, mais que pour le bien de la paix ils y ont renoncé. Ils n'ont pas toutefois renoncé au

droit qu'ils avoient aux chofes
qui leur font neceffaires : mais
chacun ayant à peu près ce qu'il
lui falloit, ils font convenus de fe
contenter de ce qu'ils avoient,
& ils ont renoncé au droit que la
nature leur avoit donné à tout le
refte. A l'égard donc des chofes
neceffaires les hommes font toûjours dans le droit où la nature
les a mis , c'eft-à-dire qu'elles
n'appartiennent pas plus aux uns
qu'aux autres , & que chacun
eft en droit (*a*) de les prendre
où il pourra ; de forte que fi les
hommes fe les refufent les uns
aux autres , nous voilà retom-
bez dans cet état de guerre que

(*a*) On peut abufer de cette propofition.
D'accord ; mais cet ouvrage ne court pas rif-
que d'être lû par des gens capables d'en abufer. Enfin ce qu'on avance ici fert à établir
invinciblement le plus important des devoirs
dans la focieté, je veux dire, l'aumône.

nous voulions éviter. La raison naturelle veut donc que les hommes ne se refusent point les uns aux autres les choses necessaires: mais elle dicte à l'homme de les donner aux autres, pourvû qu'il ne soit pas lui-même dans la necessité : & il faut qu'il les donne gratuitement si ceux à qui elles sont necessaires ne peuvent les lui rendre ni l'en recompenser. S'ils peuvent les rendre, il n'est obligé que de les leur prêter. Mais s'ils peuvent l'en recompenser & lui donner quelque chose en échange, voici la regle qu'il doit suivre; il faut que ce qu'il exige d'eux en échange ne leur soit pas aussi necessaire que ce qu'il leur donne ; car ce seroit ne leur rien donner : c'est-à-dire en un mot qu'il faut que les conditions sous lesquelles il leur donne, leur soient moins onereuſes que la neceſſité où ils ſe trouvent, & que ce qu'il leur donne ſoit à leur égard plus conſiderable que ce qu'il leur demande. Voilà donc la regle que la nature a preſcrite à l'homme pour les choſes neceſſaires. Quant à celles qui ne le ſont pas, comme elles appartiennent tellement au poſſeſſeur que les autres n'y ont aucun droit, il s'enſuit qu'il peut ne les point donner s'il veut ; à plus forte raiſon peut-il ne les donner que ſous les conditions qu'il lui plaira.

La fraude rend tous les contrats & toutes les donations conditionnées, invalides ; la raiſon eſt que les donations conditionnées ne ſubſiſtent que ſuppoſé la condition ; des lors donc que la condition manque, le contrat ne ſubſiſte plus. Or quand il y a de la fraude dans un des contractans, on peut & l'on doit dire que celui qui a trompé a manqué à la condition que l'autre avoit exigée de lui ; car il ne l'a trompé qu'en lui donnant autre chose, ou la même chose, mais en autre état qu'il ne la suppofoit; & par confequent deflors qu'il y a de la fraude, le contrat ne fubfifte plus. C'eft pourquoi celui qui a été trompé a droit de rendre a celui qui l'a trompé ce qu'il en a reçu, & de lui redemander ce qu'il lui a donné, & en cas de refus d'employer la force & la violence pour le ravoir. Celui qui a trompé eft obligé de fon côté de rendre ce qu'il a reçu, puifqu'il ne lui appartient pas, ne lui ayant été donné qu'à une condition qu'il n'a pas accomplie ; ou bien au lieu de rendre la chofe il peut dédommager celui qu'il a trompé de la perte

qu'il a faite, pourveu que celui-
ci le veüille bien ; car s'il veut
ravoir la chose même, il faut la
lui rendre, puifqu'elle lui appartient.

CHAPITRE VIII.
Des Echanges, Ventes, & Achats.

DAns tout Contrat on don-
ne une chofe pour en
avoir une autre ; & c'eft ce qu'on
appelle *permutation* ou *échange*.
Lorfque l'échange fe fait d'une
chofe pour une autre en nature,
on l'appelle du nom commun de
permutation. Lorfque l'échange fe fait pour de l'argent, dans
l'un c'eft une vente, dans l'autre
c'eft un achat. Dans l'état naturel il ne peut y avoir ni vente
ni achat, à parler regulierement,
c'eft-à-dire en les prenant pour

l'échange d'une chose pour de
l'argent ; car la valeur des mo-
noyes n'est pas naturelle, & ne
vient que de l'inftitution des
hommes. Mais dans le fonds
que ce commerce fe faffe pour
de l'argent, ou pour une autre
chofe en nature, c'eft toûjours
un échange ; car l'argent tient
lieu de la chofe en nature.

De ce que nous avons dit dans
le Chapitre precedent il s'enfuit,

1°. Que les chofes neceffaires fe doivent vendre à proportion du befoin de la perfonne qui
achete, & des moyens qu'elle a.
C'eft pourquoi on doit les vendre tres-peu aux pauvres, & l'on
peut, & felon nos principes l'on
(a) doit même les vendre beau-

____

(a) Voilà une propofition capable toute
feule de décrediter cet ouvrage parmi les gens
qui ont le vent à fouhait & qui voguent à
pleines voiles. Il eft vrai que le nombre n'en
eft pas confiderable. Cependant elle fuit de
coup

coup aux riches; en un mot, on doit les vendre aux uns & aux autres à proportion de leur pauvreté ou de leurs richeſſes. Il s'enſuit,

2°. Que pour les choſes qui ne ſont pas neceſſaires on peut les vendre au (*b*) prix qu'on voudra, à plus forte raiſon celles qui ſont ſuperfluës, qui ne ſervent qu'au luxe & à la vanité.

Mais quoi que ce ſoit qu'on vende, on eſt obligé d'en déclarer les vices; car comme nous avons dit s'il y a de la fraude, le Contrat eſt nul, & le vendeur dans l'obligation de rendre ce qu'il a reçu, ou de compenſer la perte qu'il a fait ſouffrir à l'ache-

l'amour de nous-mêmes, que nous avons établi avec l'amour de Dieu pour fondement de toute la morale.

(*b*) La Police tempere ces maximes, & les accommode dans la pratique à l'interêt commun des citoyens.

E

teur. Il en faut dire autant de
celui-ci ; car comme il achete
la marchandise du vendeur, il lui
vend aussi la sienne; de sorte que
l'un & l'autre achete en même-
tems & par le même acte.

Les Monopoles sont licites,
pourveu qu'on suive les regles
que nous avons posées ; car l'injustice ne consiste pas tant dans
le monopole que dans la maniere de vendre, sans distinguer les
acheteurs, ni les marchandises.

CHAPITRE IX.

Des fraudes qui annullent les Contrats.

LE Contrat est une Dona-
tion ; & comme toute Do-
nation est irrevocable de sa nature, il n'y a rien qui puisse invalider un Contrat que ce qui peut

faire que la Donation ne soit pas
une donation ; c'est-à-dire, que
ce qui peut faire que la chose ne
soit pas donnée. Or comme le
Contrat est non seulement une
donation, mais une Donation
conditionnée, & que les Donations conditionnées ne valent & n'ont lieu que supposé
l'accomplissement de la condition, il s'ensuit que le Contrat ne peut être rendu nul
que par ce qui empêche que
la condition ne soit accomplie :
au contraire ce qui n'empêche
pas que la condition ne soit accomplie ne peut jamais invalider
le Contrat ; car la chose a été
donnée, & ainsi il n'y a plus de
retour ; & par conséquent les
fraudes qui invalident les Contrats, les ventes & les Achats,
sont seulement celles qui concernent la substance du Contrat,

c'eſt-à-dire qui font que les conditions ſous leſquelles on a con-
tracté ne ſont pas accomplies.
Or entre les conditions ſous leſquelles on contracte, on achete, & on vend : il y en a de naturelles qui ſans être ſpecifiées,
ſont naturellement ſous-enten-
duës : Par exemple , j'achete
un cheval vingt piſtoles, c'eſt à
condition qu'il ſera bon & que
je pourrai m'en ſervir. Ainſi les
conditions naturelles du Contrat
ſont celles qui concernent les
qualitez bonnes & mauvaiſes de
la choſe. Par conſequent toutes
les fraudes qui ſe font à l'égard
de ces qualitez, ſoit en cachant
les mauvaiſes , ſoit en en faiſant
accroire de bonnes qui ne ſont
pas, toutes ces fraudes, dis-je ſont
injuſtes & annullent un Contrat.

On eſt donc obligé de dire
toutes les mauvaiſes qualitez de

la chofe, & de ne lui en point attribuer de bonnes, fi elle ne les
a effectivement. Si celui qui
achete fçait déja toutes les
mauvaifes qualitez de la chofe,
l'on n'eft pas obligé de les lui dire;
& s'il ne les fçait point, après
les lui avoir dites une fois, on n'eft
pas obligé de les lui repeter.

Mais il fe peut faire qu'un
Marchand vende de bonne foi
une méchante marchandife; en
ce cas il ne commet point d'injuftice. Toutefois le Contrat eft
nul, & par confequent ce Marchand eft obligé de reprendre fa
marchandife.

CHAPITRE X.

Examen de ce qu'on dit commu-
nément qu'il ne faut vendre les
choſes que ce qu'elles (a) valent.

IL eſt deux ſortes de prix, l'un
phyſique, & l'autre moral. La
queſtion eſt de ſçavoir lequel
doit être ſuivi dans les ventes ?
mais il y a long-tems que les
hommes ont decidé cette queſtion, aiant toujours vendu les
mêmes choſes tantôt plus cher,
tantôt à meilleur marché : d'où
vient cela ? c'eſt qu'il les eſtiment
par leur prix moral, & non pas
par leur prix phyſique ; c'eſt-à-
dire par ce quelles valent à leur
égard, & non pas par ce qu'el-

(*a*) Ce Chapitre eſt une maniere de repo-
ſoir pour ceux que la lecture des Chapitres
precedens aura fatiguez ; de ſorte que les autres le peuvent paſſer.

les valent en elles mêmes. En effet ce font toûjours les mêmes chofes, & par confequent en elles mêmes elles valent toûjours également.

De plus n'achete-t'on pas plus cher un cheval qu'un Efclave ? Cependant quelle comparaifon ? Il eft vrai. Mais c'eft comme nous avons dit, que les hommes eftiment les chofes par leur prix moral, c'eft-à-dire par ce qu'elles valent à leur égard. C'eft donc le prix moral, & non pas le prix phyfique qui eft le veritable prix des chofes.

CHAPITRE XI.

Du Loüage.

LE Loüage eft une efpece de vente ; il en differe neanmoins en ce que la vente

aliene la chofe, & que le loüiage
n'en donne que l'ufage ; & encore en ce que la vente aliene la
chofe pour toûjours, & que le
loüiage n'en donne l'ufage que
pour un tems determiné : donc le
domaine & la proprieté de la
chofe loüée demeure toûjours à
celui qui la donne à loüiage.

2°. Donc tout le dechet qui
peut arriver à la chofe loüée
tombe fur celui qui la donne à
loüiage, & non pas fur le Loca-
taire, pourveu qu'il n'ait pas
donné occafion à ce déchet.

3°. Donc celui qui donne à
loüiage eft tenu de livrer la chofe en état de fervir, & de l'entretenir dans cet état.

4°. Donc les accidens qui
n'empêchent précifement que
l'ufage de la chofe, fans toucher
à la chofe même, font au pre-
judice du Loçataire ; car l'ufage

ge est à lui; & ainsi tout ce qui arrive de mal dans l'usage, est sur son
compte. C'est pourquoi quand
un accident l'empêcheroit de
joüir, il ne laisseroit pas de payer
le loyer. Par exemple, un homme
est mis en prison aussi-tôt qu'il a
loüé une maison; quoi qu'il ne
joüisse pas de cette maison, il
est neanmoins obligé d'en payer
le loyer, comme s'il en joüissoit;
à moins qu'il ne la rende à celui
de qui il la tient. Mais alors il
dépend du proprietaire de la reprendre, ou de ne la pas reprendre.

Le Loüage regarde les personnes aussi-bien que les choses.
Mais comme celui qui donne
quelque chose à loüage est obligé de la mettre en état de servir,
& de l'entretenir dans cet état;
de même celui qui donne sa personne à loüage, est obligé de se

mettre en état de servir à l'usage
pour lequel on le loüe: & comme
le dommage qui arrive à la chose
loüée regarde celui qui la donne à loüage, aussi la personne
qui se loüe doit souffrir seule des
accidens qui lui surviennent &
qui l'empêchent de servir : au
contraire les accidens, qui sans
toucher à la personne empêchent
seulement l'usage pour lequel on
l'avoit loüée, ne doivent faire
tort qu'à celui à qui elle s'est
donnée à loüage.

CHAPITRE XII.

De la Donation mixte.

LEs Donations dont nous
avons parlé jusqu'ici, sont
toutes pour le present, ou pour
l'avenir. Mais il y en a une autre sorte, par laquelle on donne

en partie pour le prefent , & en
partie pour l'avenir ; & c'eſt ce
qui m'a fait lui donner le nom de
Donation mixte. Cette Donation conſiſte à donner actuellement le droit de poſſeder une
choſe dans le tems à venir. Par
exemple, je vous donne aujour-
d'hui le droit de poſſeder dans
quinze jours une de mes terres :
Par cette Donation l'on donne
dans le moment, mais non pas
pour poſſeder dans le moment :
de ſorte qu'à proprement parler,
on ne donne pas dans le moment
la choſe , mais on donne ſeulement le pouvoir de la poſſeder
dans le tems marqué.

C'eſt pourquoi le Donateur
demeure toûjours le maître & le
proprietaire de la choſe juſqu'à
ce tems , & le donataire n'a que
pouvoir de la prendre & de la
poſſeder lorſque ce tems eſt arri-
G ij

vé : & comme toute Donation
eſt irrevocable de ſa nature , il
s'enſuit qu'on ne peut pas lui
ôter ce pouvoir & ce droit qu'il
a de prendre & de poſſeder la
choſe au tems marqué. Cependant comme le Donateur (*a*) eſt
maître & proprietaire de la choſe juſques à ce tems , il en peut
diſpoſer ſelon ſa volonté, la con-
ſumer , la vendre, & la donner
à un autre. Auſſi quand ce tems
eſt arrivé , ſi le Donataire trouve la choſe, il a droit de s'en
ſaiſir & de s'en mettre en poſſeſſion. Mais ſi elle n'eſt plus , la
Donation devient caduque.

Il faut que le Donateur ait
droit à la choſe & qu'elle lui ap-
partienne, non ſeulement dans le

____

(*a*) Puiſque dans la donation mixte on ne
donne pas dans le moment la choſe , mais
ſeulement le pouvoir de la poſſeder dans le
tems marqué, le Donateur eſt maître & proprietaire de la choſe juſques à ce tems, &c.

rems de la donation, mais encore
dans celui qui eſt marqué au Donataire pour la poſſeder. Car ſi
dans ce tems un autre en eſt le
maître & le legitime poſſeſſeur,
de quel droit le Donataire la lui
demanderoit-il ? Par exemple, je
donne ma maiſon à Jean pour la
poſſeder au bout de l'année, ſi
cette maiſon ne me doit appartenir que juſqu'au milieu de l'année ; ma donation eſt nulle.

CHAPITRE XIII.

Des Teſtamens.

LE Teſtament eſt une eſpe-
ce de Donation mixte ; car
le Teſtateur donne actuellement
une choſe pour en faire joüir
après ſa mort le donataire.

Mais comme un homme après
ſa mort n'a plus de droit aux

biens qui lui appartenoient de son vivant, il s'enfuit de ce que nous venons de dire, que les donations qu'il en a pû faire pour ce tems là, font nulles : & par conſequent de droit naturel tous les Teſtamens ſont nuls. Mais cela n'empêche pas qu'un homme ne puiſſe naturellement faire tout ce qui ſe fait par un Teſtament ; il n'a qu'à donner de ſon vivant tous ſes biens à condition que ſes Donataires lui en laiſſeront la joüiſſance, l'uſage & l'uſufruit durant ſa vie ; & à condition même qu'il pourra (*a*) revoquer ſa donation, s'il le veut. De cette maniere ſa

(*a*) Pourquoi le Donateur ne pourra-t-il pas ſe reſerver la faculté de revoquer ſa donation, puiſque tout Teſtateur ſe la reſerve ? Et il ne ſert de rien de dire que les Teſtamens tirent leur force de la mort des Teſtateurs ; cela ne détruit point la parité, qui conſiſte à donner de part & d'autre actuellement le droit de poſſeder quelque choſe dans le tems à venir.

diſpoſition eſt valable; ſes biens aprés ſa mort ſeront à ceux à qui il les aura laiſſez, il en ſera neanmoins toûjours le maître durant ſa vie; en un mot il profitera de toute la liberté que donne le Teſtament, ſans en encourir la nullité.

CHAPITRE XIV.

De la Preſcription.

Nous avons expliqué juſqu'à preſent toutes les manieres dont une perſonne peut ceder poſitivement ſon droit. Il y a une autre maniere de le ceder, qu'on peut appeller *tacite*, & c'eſt lorſque par ſa conduite on donne ſujet de preſumer qu'on l'a abandonné & qu'on ne s'en ſoucie plus. Une perſonne eſt cenſée avoir abandonné ſon droit & ne s'en foucier plus ; lorfqu'aiant pû & dû s'en mettre en poffeffion, elle ne l'a pas fait ; alors celui qui en eft faifi, en devient maître & poffeffeur légitime: Ou fi l'on ne s'en eft pas encore faifi, on le peut faire, & s'en rendre maître comme d'une chofe abandonnée. Et c'eft de cette maniere que les ufurpations qui d'abord ont été injuftes, deviennent enfuite legitimes par la longueur de la poffeffion. Car voici en quoi confifte le droit de la Prefcription, c'eft à poffeder une chofe durant un tel efpace de tems, & avec de telles circonftances, qu'il eft à prefumer que celui à qui elle appartenoit, y a renoncé & n'y penfe plus. Il eft bien difficile de déterminer ces circonftances, & la longueur du tems qu'il faut pour former une Prefcription. Tout ce

qu'on peut dire eſt que le tems ſe
doit meſurer par les autres circonſtances, & qu'il faut plus ou
moins de tems, ſelon leur nature
& leur concours.

CHAPITRE XV.

Des Agens & des Procureurs.

DAns le tranſport que l'on
fait de ſon droit à un autre, il n'eſt pas neceſſaire d'agir
toûjours par ſoi-même; on peut
auſſi agir par autrui ; c'eſt-à-
dire par une perſonne qui nous
repreſente. Celui qui agit pour
un autre s'appelle Procureur ;
celui au nom de qui le Procureur
agit, s'appelle Autheur, à cauſe
que c'eſt par ſon authorité que
le Procureur agit. Un Procureur eſt donc une perſonne que
nous avons choiſie pour repreſen-
ter la noſtre. Il s'enſuit de là,

1°. Que les personnes incapables d'agir par elles-mêmes ne peuvent agir par Procureur ; car un Procureur qui represente une personne incapable d'agir, est lui-même incapable d'agir : Il n'est que ce qu'il represente, il represente un incapable , il est donc lui-même incapable. De là vient que les enfans & les foux ne peuvent avoir de Procureurs qui agissent en leur nom, & que tout ce qui se fait en leur nom, n'est pas censé fait par eux, & ainsi ne les oblige pas ; & que, lorsqu'ils sont sortis, les uns de leur enfance, & les autres de leur folie, il dépend d'eux d'accepter, ou de ne pas accepter ce qui a été fait en leur nom : & que s'ils ne l'acceptent point, il n'y a rien de fait.

Il s'ensuit 2°. Que tout ce que fait un Procureur en vertu de sa Procuration oblige son Au-

theur de la même forte que s'il s'y
étoit lui-même obligé; car le Procureur reprefente fon Autheur.
Tout ce que fait donc le Procureur eft cenfé fait par l'Autheur
même. Il ne peut donc revoquer ce qu'a fait fon Procureur,
que de la maniere qu'il peut revoquer ce qu'il a fait ou promis
lui-même.

Il s'enfuit 3°. Qu'il n'eft pas
neceffaire qu'il ratifie ce qu'a fait
fon Procureur, pour y être obligé; car ce que l'on fait par foi-
même n'a pas befoin de ratification : or ce que l'on fait par fon
Procureur, eft cenfé fait par foi-
même ; il ne demande donc
point de ratification ; & cette ratification feroit une promeffe ou
une Donation réiterée, & non
pas une ratification. Cela fuppofe que dans la Procuration l'on
n'ait pas mis la claufe de la ratifi-

cation ; car si l'on y avoit mis
cette clause, la ratification seroit
necessaire, & l'Autheur ne seroit
obligé à ce que son Procureur
auroit fait, qu'aprés qu'il l'auroit
ratifié. Mais aussi alors un Procureur ne seroit pas un veritable
Procureur, il ne representeroit
pas la personne de son Autheur ;
il feroit seulement la fonction
d'ami, ou de personne prudente,
envoyée de lui pour entendre &
pour faire des propositions.

Il s'ensuit 4°. Que ce que
les hommes traitent avec un Procureur, les oblige autant que s'ils
avoient traité avec l'Autheur
même ; car le Procureur le represente ; mais il faut qu'ils con-
noissent le Procureur sous cette
qualité ; c'est-à-dire que celui
qui veut faire des propositions
au nom d'un autre, fasse connoître à ceux avec qui il a à traiter,

le pouvoir qu'il en a reçû.

L'Autheur peut révoquer le Procureur qu'il a conſtitué: mais cette révocation doit être ſigni-fiée à celui-ci ; car juſques - la il a toûjours ſujet de ſe conſiderer comme revêtu du même pou-voir. Il a donc ſujet d'agir en vertu de ce pouvoir , & ce qu'il fera , ſera valable & légitime. Il réſulte de - là que la révocation n'eſt cenſée faite que du mo-ment de ſa ſignification.

Il faut auſſi que la révoca-tion ſoit ſignifiée à ceux avec qui le Procureur a à traiter , ſinon ils auront toûjours raiſon de le conſiderer en qualité de Procureur : ils pourront donc agir avec lui comme tel, & ce qu'ils feront avec lui, ſera bien fait.

Si le Procureur meurt pen-dant ſa procuration , tout ce

qu'il aura fait eſt nul : c'eſt-à-
dire que les uns ni les autres ne
feront obligez de le tenir : car
l'Autheur ne peut ſçavoir que de
ſon Procureur ce à quoi il eſt
obligé ; le témoignage de ſes
parties n'eſt point recevable.
Ainſi le Procureur mort, l'Autheur ne pouvant ſçavoir ce à
quoi il eſt obligé, il n'y a aucune obligation pour lui. Autre
choſe eſt, ſi aprés la mort du Procureur il eſt reſté de lui quelque
monument par lequel on ap-
prenne ce qu'il a fait.

CHAPITRE XVI.

Des Cautions.

COmme on peut agir pour
autrui, on peut auſſi, pour
ainſi dire, pâtir pour autrui ; je
veux dire, que comme on peut

obliger un autre , on peut aussi s'obliger pour un autre. On peut s'obliger pour un autre en deux manieres , ou en obligeant sa personne pour celle d'un autre, ou en obligeant ses biens pour les biens d'un autre. Il n'est pas nécessaire que celui qui s'oblige pour un autre entre dans les mêmes obligations ; c'est - à - dire qu'il s'oblige aux mêmes choses ausquelles l'autre est obligé. Par exemple , Pierre vous doit cent écus , je répons pour lui, je puis ne m'obliger qu'à la moitié de cette somme , en cas qu'il ne paye point quand le terme de la promesse sera expiré. Il y a même des rencontres , où l'on ne peut pas s'obliger aux mêmes charges. Par exemple , je répons de la personne d'un criminel qui merite la mort , je ne puis pas m'obliger à mourir pour lui , fuivant ce que nous avons fait voir, qu'on ne peut point s'obliger à la mort par aucune promeſſe. Au reſte quand on s'oblige pour d'autres, on ne peut point avoir ſon recours ſur eux, à moins qu'on ne l'ait ſtipulé expreſſément. La raiſon eſt que cette obligation peut être une action de liberalité, (*a*) & par conſequent de ſa nature, elle ne nous acquiert aucun droit ſur les biens & ſur les perſonnes des autres. Nous ne pouvons donc avoir nôtre recours ſur eux.

(*a*) Je ſçai qu'on ne l'interprete pas ainſi communément, à cauſe des modifications que le Droit des Gens a reçûës du Droit Civil.

CHAP.

CHAPITRE XVII.

Du Serment.

Voilà à peu prés toutes les manieres dont les hommes peuvent traiter enſemble : mais l'ame de tous les traitez eſt la fidelité. A quoi ſert de promettre & de faire des conventions, ſi l'on ne tient ſes promeſſes, & ſi l'on ne s'acquite des choſes dont l'on eſt convenu ? La raiſon naturelle nous oblige donc à la fidelité. Mais pour rendre les conventions & les promeſſes plus inviolables, & pour affermir cette fidelité, on ſe ſert du ſerment : *Nullum vinculum*, dit Ciceron, *ad aſtringendam fidem majores noſtri jurejurando arctius eſſe voluerunt.*

Il ſemble d'abord que le Serment ne ſoit autre choſe qu’un acte, par lequel on témoigne conſentir que Dieu nous puniſſe ſelon ſa juſtice, ſi nous ne nous acquittons de nos promeſſes. Suppoſé donc que nous ne nous en acquittions pas, nous ſerons obligez en vertu de nôtre Serment de conſentir que Dieu nous puniſſe ſelon ſa juſtice, de nôtre infidelité. Nous ferions donc contre noſtre Serment, ſi nous n’y conſentions pas, ſi nous faiſions nôtre poſſible auprés de Dieu pour n’en être point châtiez. Cependant il n’y a perſonne qui ne tombe d’accord qu’aprés avoir violé ſa promeſſe, aprés quelque crime que ce ſoit, on peut toûjours faire ſon poſſible pour n’être point châtié. En un mot, toute peine, tout châtiment, particuliere-ment la mort & la damnation,

font des chofes qu'on peut &
qu'on doit toûjours éviter de
tout fon poffible : On ne peut ni
l'on ne doit jamais les vouloir ni
y confentir. C'eft pourquoi un
homme qui diroit qu'en tel cas
il veut que Dieu ne lui faffe jamais miféricorde , ne fçau-
roit ce qu'il diroit. On ne peut
jamais dire véritablement qu'on
confent que Dieu ne nous par-
donne point ; & par conféquent
fi l'on avoit conçu le Serment
dans ces termes , il feroit incon-
gru , & celui qui jureroit de la
forte , diroit de bouche toute
autre chofe que ce qu'il penfe :
Ou s'il parloit du fond du cœur ,
ce feroit ou parce qu'il ne dou-
teroit point qu'il n'executât fa
promeffe , ou parce qu'il feroit
fou. En effet, il faut avoir perdu
l'efprit pour confentir d'être
damné pour quoi que ce foit.

Il vaut donc mieux prendre
le Serment d'une autre maniere:
& l'on peut le définir une promeſſe que l'on fait à Dieu de
s'acquitter envers les hommes
de ce qu'on leur a promis. Ainſi par le Serment, on confirme
les engagemens qu'on a con-
tractez à l'égard des hommes en
s'obligeant encore envers Dieu.
Il s'enſuit de là que le Serment
oblige beaucoup plus que la ſimple promeſſe ; parce qu'il y a
bien des rencontres où vous
pourriez ne pas tenir vôtre promeſſe ſi vous ne l'aviez faite
qu'à un homme, dans leſquelles vous êtes obligé de la tenir,
en vertu de celle que vous avez
faite à Dieu. En effet combien
y a-t-il de choſes qui n'obligent
pas à l'égard des hommes, leſquelles obligent à l'égard de
Dieu ? Par exemple, toutes pro-

meſſes préjudiciables à ma vie ,
que je pourrois faire aux hommes , ne ſont elles pas nulles de
leur nature ? Cependant ſi je
fais ces promeſſes à Dieu , je ſuis
obligé de les accomplir ; parce
que Dieu peut me donner de
plus grands biens que la vie , &
me faire ſouffrir de plus grands
maux que la mort. C'eſt pourquoi quand on fait promettre à
un criminel de dire la verité, on
a raiſon de le faire jurer ; c'eſt-à
dire de le faire promettre à Dieu
même qu'il la dira. Car comme
en la diſant il ſe condamne lui-
même à la mort , la promeſſe
qu'il fait de dire la verité, ſeroit
nulle, s'il la faiſoit à tout autre
qu'à Dieu. Au reſte il faut que
la matiere du Serment ſoit raiſonnable.

Mais il s'offre ici une difficulté,que je propoſe comme un pro-

blême dont je demande la solu-
tion ; c'eſt que les promeſſes
n'obligent, que lorſqu'elles ſont
acceptées. Le Serment eſt une
promeſſe faite à Dieu : par conſéquent il n'oblige pas ſi l'on ne
ſçait que Dieu l'a acceptée : ſi
l'on ne peut le ſçavoir, il eſt inutile de jurer , & tous les Sermens n'obligent à rien. On peut
dire que le Serment étant , comme dit Ciceron , le lien de la fidelité , qui eſt l'ame des Societez , on a ſujet de préſumer que
Dieu accepte & approuve les
Sermens néceſſaires & raiſonna-
bles ; puiſqu'en approuvant les
Societez civiles , il approuve en
même tems ce qui eſt néceſſaire pour leur conſervation.

CHAPITRE XVIII.

Que les biens qui n'ont point de maiſtre, appartiennent au premier qui s'en ſaiſit.

LA raiſon naturelle en nous obligeant à renoncer à ce que les autres poſſedent, & à nous contenter de ce que nous avons, conſerve en même-tems ce droit au premier occupant, à l'excluſion de tous les autres : car elle veut que nous renoncions à tout le droit que nous pourrions prétendre ſur ce que poſſedent les autres. Dès lors donc qu'un autre poſſede quelque choſe, la raiſon nous ôte tout le droit que nous y avions, & le conſerve à celui ſeul qui en eſt en poſſeſſion. Par conſéquent la premiere *occupation* donne au premier occupant fur la chofe occupée, un droit qui fait que les autres n'y peuvent rien prétendre fans injuftice : & en effet,on retomberoit fans cela dans cet état de guerre que nous voulons éviter.

CHAPITRE XIX.

Que perfonne ne peut faire de tort aux autres fans injuftice, & fans être obligé à reftitution.

LEs hommes étant convenus de fe contenter chacun de ce qu'ils ont , & tout le monde ayant renoncé au droit qu'il pouvoit prétendre fur ce que les autres poffedent ; il s'enfuit qu'on ne peut fans injuftice fe faifir des biens des autres : car on n'y a aucun droit. Or qu'eft-ce

ce qu'être injuſte ? C'eſt uſur-
per un droit qu'on n'a pas, c'eſt
violer le droit d'un autre ; &
d'autant que ce que vous avez
pris aux autres ne vous appartient pas, vous êtes obligé de le
leur rendre. Tellement que par
une loi de la nature qui eſt in-
violable, quiconque a fait tort
à ſon prochain, eſt obligé de
reſtituer ce qu'il lui a pris & de
reparer le tort qu'il lui a fait :
Suppoſé toutefois qu'il le puiſſe
faire ſans ſe priver des choſes
néceſſaires. Car chacun ayant
droit de les prendre où il pourra, & ne pouvant raiſonnable-
ment renoncer à ce droit, il s'enſuit à plus forte raiſon qu'il n'eſt
pas obligé de s'en priver pour les
donner à un autre. A l'égard de
ceux à qui elles ont été priſes,
s'ils s'en peuvent paſſer, ils n'ont
point droit de les répeter ; puiſ-

I

que dans la doctrine des Peres,
qui est conforme ànos principes,
le superflu des riches appartient
au pauvres.

CHAPITRE XX.

Que non seulement il ne faut point faire de tort aux autres, mais qu'il faut encore leur faire du bien.

L'Amour de la paix que la raison inspire à l'homme, l'engage à fuir tout ce qui peut aliener les esprits, & à mettre en usage tout ce qui peut concilier les affections. Nous parlerons d'abord de ce qui peut attirer la bienveillance. Or il n'y a rien plus capable de le faire, que les bons offices & les bienfaits. La raison veut donc que l'homme soit officieux &

bienfaisant. Il en est des bienfaits comme des affaires, où la
forme l'emporte souvent sur le
fond. C'est pourquoi il faut
donner de bonne grace ; c'est-à-
dire gayement, sans se faire
prier , ni faire attendre le bienfait : *Ne dicas amico tuo , Va-
de & revertere , cras tibi dabo ,
cùm statim possis dare* , dit l'Autheur des Proverbes.

2°. C'est un reproche indi-
rect, que de parler à un homme
du plaisir qu'on lui a fait. Cette
réflexion se doit entendre, lorsque celui qu'on a obligé est re-
connoissant ; car s'il est ingrat,
on a droit de lui reprocher son
ingratitude.

3°. Comme on doit être officieux , on doit être aussi re-
connoissant , jusqu'à encherir
par dessus les bons offices qu'on
a reçûs. C'est dans ce retour

que confiste une partie de la générofité.

4°. Tous les hommes crient contre la lâcheté. N'en eft - ce pas une, de ne vouloir point s'incommoder en faveur des au‑ tres, lorfqu'il y a plus à gagner pour eux, qu'à fouffrir pour nous ? La raifon veut donc que nous les obligions, même à nos dépens.

5°. On attaque l'homme dans la partie la plus fenfible de lui - même, quand on combat fes fentimens ; il eft traitable fur tout le refte, mais il fe cabre contre ceux qui le contredifent. C'eft pourquoi la complaifance eft d'un fi grand ufage dans le commerce du monde. Elle con‑ fifte à entrer dans les penfées des autres, & à s'y conformer.

6°. De tous les biens de la vie, il n'en eft point de plus

fragile que la paix ; ceux avec qui nous vivons nous préſentent à tous momens des occaſions de la rompre. Pour reſiſter à ces tentations , on doit s'armer de patience ; c'eſt-à-dire , qu'on doit pardonner aiſément les injures , ne rendre pas toûjours le mal pour le mal. Au contraire, il faut tâcher de ramener ſes ennemis par toutes ſortes de marques d'eſtime & de conſidération : de ſorte que c'eſt un conſeil très judicieux , que celui de vivre avec nos ennemis , comme avec des perſonnes qui pourront être un jour nos amis. Ce point eſt encore une partie de la généroſité.

7°. Cela n'empêche pas que l'on n'uſe de toutes les précautions néceſſaires pour ſe garantir de la mauvaiſe volonté de ſes ennemis ; & qu'on n'en vienne

même à une guerre ouverte ;
lorsqu'on ne sçauroit trouver sa
sureté dans la paix.

8°. Pour ce qui est des amis,
il faut en avoir le plus que l'on
peut ; c'est-à-dire, qu'il faut
faire du bien à tout le monde.
Cependant il ne faut point vivre
familierement avec tout le monde. On doit même éviter le
commerce de certaines gens,
comme celui des étourdis & de
toutes les personnes décriées,
qui ne peuvent communiquer
que la réputation de leur ressem-
bler. L'amitié est une vertu,
par conséquent il ne peut y avoir
d'amitié qu'entre les hommes ver-
tueux ; outre qu'il n'y a que ces
amitiez-là qui soient honorables
& qui puissent être utiles. Mais
quelques personnes que nous
ayons choisies pour amis, nous
devons toûjours nous souvenir

qu'ils peuvent changer, & deve-
nir nos ennemis. En effet, nous
avons tant d'exemples de ces
changemens, que nous devons
craindre' d'en éprouver de pa-
reils : C'eſt pourquoy nous ne
devons rien dire ni faire devant
nos amis, qu'ils puiſſent tourner
contre nous, s'ils deviennent nos
ennemis. Cette crainte ne doit
pas néanmoins ôter la confiance
honnête & raiſonnable d'une
ſincere amitié.

9°. Si nos amis nous ont fait
des confidences , & que nous
nous broüillions enſuite , il
ne nous eſt pas permis de publier ces confidences ; ils ſe ſont
fiez en nous , l'honneur & la
fidelité nous engagent au ſecret.

10°. La Cruauté eſt con-
traire à la nature , puiſque la
compaſſion en eſt un ſentiment.
Ce ſentiment eſt donc naturel, &

par conséquent légitime. La raison veut donc que nous bornions l'usage des peines à la correction des délinquans, & à la terreur de ceux qui seroient disposez à les imiter. Ainsi les vengeances & les peines purement satisfactoires, sont interdites par la raison naturelle.

11°. L'Orgueil est une source de divisions,& il y a long-tems que le Sage a dit que la paix ne se trouve point parmi les orgueilleux. En effet, comme tous les hommes le sont naturellement, l'orgueil propre leur rend ce même orgueil insuportable dans les autres. Il s'ensuit delà, que pour joüir de la paix, il faut nécessairement être modeste, ou du moins le paroître. On se met sur ce pied par des manieres simples & naturelles, en ne parlant jamais de soi, ou n'en parlant qu'avec beaucoup de modeſtie, en loüant le mérite des autres & le faiſant valoir, & en montrant de l'indifference pour les honneurs.

12°. La Civilité eſt une ſuite de la modeſtie, & elle conſiſte dans des témoignages exterieurs de reſpect. Il y a des civilitez d'inſtitution, & il y en a qu'on peut appeller naturelles : c'eſt-à-dire, que le ſens commun nous dicte. comme de ne point prendre le pas & la place d'honneur, de ne point ſe familiariſer. Je demeure d'accord que l'amitié permet des libertez. Cependant il n'en faut pas abuſer; parce que nos amis en prennent de l'ombrage. Il y a plus ; comme perſonne n'eſt ſans défauts, l'excès de liberté les découvre, & cette découverte altere l'eſti-me,& puis l'amitié : Car c'eſt une erreur de croire que l'amitié se puisse conserver sans une estime reciproque : nous n'aimons que ce que nous estimons : or l'honnêteté entretient cette estime, au lieu que l'excès de liberté la détruit.

13°. La faveur dans les choses où les hommes ont tous droit d'exiger un pareil traitement, blesse l'équité, & ne peut qu'exciter du trouble. En effet, n'est-ce pas une injustice de ne point traiter également ceux qui le méritent ; & que peut produire cette distinction, sinon des jalousies & des mécontentemens, & par une suite nécessaire la ruine de la paix ?

14°. La grande regle est de ne faire aux autres que ce que nous voudrions qu'on nous fît à nous-mêmes ; c'est-à-dire, que ce que nous approuverions, si on

nous le faifoit ; car tous les hommes étant égaux , ce qui eſt injuſte à l'égard de l'un, eſt injuſte à l'égard des autres ; & ce
que l'un a droit de faire , tous
les autres ont droit de le faire
comme lui. Jugeons donc injuſte à l'égard des autres ce que
nous jugeons injuſte à nôtre
égard ; & ne condamnons point
dans les autres ce que nous
croions avoir droit de faire.

DROIT CIVIL*.
CHAPITRE I.

Que les hommes ne peuvent être en sureté que dans la Societé Civile.

LEs hommes n'auroient point d'autre maître que Dieu, ni d'autres loix que celles de la raison, s'ils ne méprisoient ce qu'elle leur dicte, pour suivre leurs passions. C'est par leur suggestion qu'ils se jettent sur les biens les uns des autres.

* On a changé de maniere dans cette troisiéme Partie, à cause de l'importance des matieres qui y sont traitées, & où il étoit par conséquent à propos de joindre l'authorité au raisonnement, dont tout le monde n'est pas capable. Ceux qui le sont, verront bien qu'il n'y avoit que cette raison qui nous pût porter à employer l'authorité, n'en ayant pas besoin pour fortifier nos raisonnemens,

Or le moyen de mettre leurs biens en sureté, est de se munir contre les insultes ; & ce dessein ne peut réüssir sans le concours de plusieurs qui forment un corps capable de reprimer par la force, ceux qui voudroient user de violence. Mais parce que cette union auroit peu d'effet, si chacun se conduisoit à sa fantaisie, il faut qu'ils n'ayent tous qu'une volonté ; en soumettant la leur ou à la pluralité des personnes qui composent leur Societé; ou à un certain nombre dont ils soient convenus pour avoir soin de ses interêts ; ou à une seule personne choisie pour commander a tous. Par conséquent les hommes ne peuvent être en sureté que dans un Societé Civile.

CHAPITRE II.

*Des differentes especes de gou-
vernemens dans la Societé
Civile.*

LA Societé Civile où tout
le monde a droit de suffrage, & où la pluralité des voix
l'emporte, s'appelle *Democratie.* Mais lorsque pour éviter la
confusion, l'on choisit seulement
quelques-uns pour commander;
si c'est une seule personne, on
donne à cette Societé le nom de
Monarchie ; si c'en sont plusieurs, on l'appelle *Aristocratie.*
Au reste ces trois especes de Societez n'ont aucune difference
essentielle : car soit que ce soit
une seule personne, ou plusieurs,
ou chaque membre de la Societé, mais à la pluralité des suf-

frages, qui commandent, c'eſt toûjours la même choſe : il n'y a qu'une puiſſance abſoluë à laquelle tous les ſujets de la Societé ſont obligez d'obéïr, & ces ſujets ne ſont pas plus libres dans une de ces eſpeces de gouvernemens que dans les autres ; puiſque dans toutes, ils ſont obligez de ſe ſoumettre aux loi. & aux volontez de la Societé.

CHAPITRE III.

Réflexions ſur la maniere dont pluſieurs perſonnes concourent pour former une Societé Civile, & pour choiſir un Souverain.

IL y a une difference eſſentielle entre un peuple, & une multitude ; l'un & l'autre ſont un amas de perſonnes : mais un peuple eſt un amas de perſonnes qui n'en font qu'une , qui ne forment qu'un corps : au lieu qu'une multitude eſt un amas de perſonnes , qui n'ayant aucune union entre elles , ne font pas un corps ni une perſonne. Cette unité de pluſieurs perſonnes qui concourent pour former un corps, un peuple , & une Societé Civile , conſiſte dans l'union de leurs volontez. Nous avons expliqué comment pluſieurs perſonnes peuvent n'avoir qu'une volonté ; ſçavoir , lorſque la volonté de chaque particulier eſt ſoumiſe à celle de toute la Societé , ou à la volonté de ceux qui commandent à la Societé. Car la volonté des Chefs étant celle de tous les membres , on peut dire avec raiſon que dans tout le corps , il n'y a qu'une volonté. Il s'enſuit de-

là

là, qu'un peuple, un corps, une Societé Civile, est l'union de plusieurs dans une même volonté. 2 o. Que la volonté de chaque particulier est comprise dans celle de ceux qui commandent : en un mot, que la volonté du Prince est la volonté de tous les sujets. C'est pourquoi on attribuë des actions à ces personnes *morales*, comme à une personne naturelle ; à cause de leur union dans une même volonté, qui les fait considerer comme les parties d'un tout. Et comme les actions des parties sont attribuées au tout ; par exemple, on ne dit pas que c'est l'œil, mais l'homme qui voit : ainsi les actions des particuliers qui composent un corps, lorsqu'ils agissent comme membres de ce corps, sont attribuées à tout le corps en général. Par exemple, on dit que c'est

K

le Parlement, & non pas certain
nombre de Conseillers qui a con-
damné un homme. De-là vient
que dans les Corps où la pluralité
des voix l'emporte, & où elle est,
pour ainsi dire, le Souverain, ceux
qui n'ont pas été de l'avis de la
pluralité, ne laissent pas de sous-
crire à ce qu'elle a ordonné : &
on ne dit pas que la pluralité,
mais que tout le Corps en général l'a ordonné : parce que la
volonté de chaque particulier
étant comprise dans celle de la
pluralité , par la convention
qu'ils ont faite de s'y soûmettre,
il est vrai de dire que chaque
particulier a voulu ce que la pluralité a déterminé. Au contraire, on n'attribuë aucune action
à la multitude : mais il y a autant d'actions parmi elle, qu'il
y a de volontez & de personnes
qui agissent ; parce que n'y

ayant aucune unité dans une multitude, on ne lui peut rien attribuer en commun.

De plus, les perſonnes qui compoſent une Societé Civile, avant que de la former, n'é-toient qu'une multitude qui enſuite a fait un peuple : chaque particulier s'étant engagé l'un à l'autre d'obéïr à la pluralité, ou à celui à qui le commandement ſeroit déféré. Je dis que cet engagement s'eſt fait de particulier à particulier. En effet, un particulier peut bien contracter avec tout un peuple ; parce que, comme nous avons obſervé, le peuple eſt une perſonne civile qui peut agir : mais la multitude ne formant point de corps & n'ayant point d'action en commun, un particulier ne peut pas contracter avec la multitude en général, mais ſeulement avec chaque particulier de la multitude.

En troisiéme lieu , dans cet engagement des uns aux autres, chacun renonce à sa liberté , & transfere à celui à qui il se soumet , tous les droits & tout le pouvoir qu'il avoit dans l'état naturel ; puisqu'il s'oblige à n'user de ces droits & de ce pouvoir que selon la volonté de celui à qui il se soumet. Par le même acte il se dépoüille de tout ce qu'il a de forces & de puissance , tellement que le Prince réunit en lui toutes les forces & toute la puissance de ses sujets, comme le tout comprend les prorietez & les perfections de ses parties.

En quatriéme lieu , & parceque si chaque particulier se réservoit le droit de juger de ce qu'il faut faire ou ne pas faire , ce seroit en vain qu'il se seroit foumis à la volonté des autres, & qu'il auroit transferé à fon Prince toute fa puiffance & toutes fes forces ; il s'enfuit qu'il n'y a que la Societé, ou celui qui eft à la tête de la Societé, qui ait droit de juger de ce qu'il faut faire ou ne pas faire ; & que les particuliers font déchus du droit qu'ils avoient de fe conduire felon leurs lumieres. Ainfi comme il n'y a qu'une volonté, il n'y a de même qu'un efprit & un jugement dans les Societez Civiles.

En cinquiéme lieu, quand le Corps que compofe une multitude unie, eft une Democratie, où chaque particulier a droit de fuffrage, tels que font, par exemple, les Etats de Hollande, on peut dire que chaque particulier eft tout enfemble fujet & Souverain ; fujet, comme particulier; & Souverain, comme membre d'un Corps en qui resi-de l'authorité souveraine. Dans cette forme de gouvernement, il n'eſt pas poſſible que chacun exerce ſon pouvoir en perſon-ne ; c'eſt une neceſſité que le peuple faſſe choix de quelques particuliers pour tenir ſa place dans les Aſſemblées. Ces dépu-tez repreſentent donc le peuple qui les choiſit ; ils ſont donc le peuple par repreſentation. Il s'enſuit de là 1°. Que le peuple ceſſe d'être, c'eſt-à-dire, qu'il n'eſt plus qu'une multitude, dès qu'il a choiſi quelques-uns de ſes membres pour tenir ſa place dans les Aſſemblées. Il s'enſuit 2°. que toute l'authorité qui étoit dans le peuple, a paſſé dans la perſonne de ces députez , & par conſequent qu'ils ſont le peu-ple.

CHAPITRE IV.

Du pouvoir des Princes en général.

LES Juifs ayant demandé un Roi à Samuël, ce Prophete leur expliqua en ces termes les Droits de la Royauté : *Hoc erit jus Regis qui imperaturus est vobis ; filios veſtros tollet, & ponet in curribus ſuis, facietque ſibi equites & præcurſores, &c.* Les mots de *droit*, de *pouvoir*, & autres, ont des ſignifications ſi différentes, qu'il eſt très-aiſé de s'y méprendre ; c'eſt - là ce qui fait l'obſcurité de ce paſſage. Mais les obſervations ſuivantes en faciliteront l'intelligence.

1°. Ce qui eſt licite, n'eſt pas toûjours loüable ; il eſt ſouvent à propos de renoncer à ſon droit : c'est pourquoi saint Paul disoit de lui : *Omnia mihi licent, sed non omnia expediunt.* Enfin l'usage du droit peut dégénérer en injustice, d'où vient la maxime : *Summum jus, summa injuria.*

2°. On entend quelquefois par *ce que l'on peut*, ce qu'on pourroit faire sans peché, mais dont le contraire est plus loüable. C'est ainsi que saint Paul déclare que l'*on peut se marier :* *mais qu'il conseille la continence.* Saint Augustin disoit dans le même sens, qu'il étoit permis à un Chrétien qui avoit épousé une Païenne, de quitter sa femme, quoiqu'il fût d'avis qu'il la gardât : *Utrumque quidem pariter licitum per justitiam quæ coram Domino est, & ideò nihil eorum prohibet Dominus, sed non utrumque expedit.*

3°.

3°. Une chofe peut être permife ; ou parce qu'elle eſt juſte & innocente ; ou parce que les loix ne la puniſſent point : *Quædam*, dit Quintilien, *non laudabilia naturâ, ſed jure conceſſa ſunt, ut duodecim tabulis debitoris corpus inter creditores dividi licuit.* Ciceron a obſervé que ce qui eſt permis en la derniere maniere, n'eſt appellé permis que par une façon de parler erronée : *Mihi contra non ſolùm videtur miſer quod ea fecit, ſed etiam quod ita ſe geſſit ut ea facere ei liceret. Sed ſermonis errore labimur ; id enim licere dicimus quod cuique conceditur.* Saint Auguſtin dit en ce ſens, qu'*il eſt permis à un homme qu'on attaque de ſe défendre & de tuer ſon aggreſſeur, bien qu'il n'excuſe pas cette action de peché.*

L

Et pour réduire ces réfléxions
à des principes : le pouvoir qu'on
a de faire une chose, vient ou
du droit naturel, ou du droit
divin positif, ou du droit civil. Ce qui est permis par le
droit naturel & par le droit divin positif, n'est jamais mauvais
en soi : mais il le peut être dans
la maniere, & quelquefois le
contraire est plus loüable & plus
à propos. Ce qui est permis par
le droit civil peut être vicieux,
& même criminel, comme le
vol & l'inceste, qui ont été néanmoins en usage parmi certains
peuples. Lors donc que nous
parlerons du pouvoir des Princes, nous n'entendrons pas toûjours par là ce qu'ils peuvent lé-
gitimement. Leur pouvoir s'é-
tend à bien des choses qu'ils ne
peuvent faire sans crime. C'est
pourquoi Ciceron disoit aux Ju-

ges devant qui il parloit : *Non quantum liceat vobis spectare debetis ; si enim quid liceat quæratis , potestis tollere è Civitate quem vultis.* Claudien donnoit cet avis à un Empereur :

Nec tibi , quid liceat , sed
quid fecisse decebit
Occurrat.

Et Musonius se déclare contre les Princes qui ne cessent point de se dire, *hoc mihi licet,* & qui ne se disent jamais, *hoc me decet.*

CHAPITRE V.

Que les Princes n'ont point d'autre Juge que Dieu.

Gregoire de Tours parlant à un de nos Rois , lui tient ce discours : *Si quis ex nobis , ô Rex Justitiæ , tramitem transcendere voluerit , à te cor-*

ripi potest : si verò tu excesseris, quis te corripiet? Loquimur enim tibi ; sed si volueris audire : si autem nolueris , quis te damnabit , nisi is qui se pronuntiavit esse justitiam ? Mais quel est le fondement de cette impunité par rapport aux hommes ? Le voici. C'est que pour avoir droit de punir quelqu'un , il faut être son juge ; en effet, on ne peut le punir qu'en jugeant de son action : or nous avons prouvé que les sujets en s'engageant à l'Etat, ont renoncé à tout droit de juger, & qu'ils ont transferé celui qu'ils avoient de se conduire par leurs lumieres, en la personne de leur Prince ; ils ne peuvent donc jamais le juger. De plus , celui qui punit quelqu'un, use de ses forces contre lui ; de sorte que celui qui n'a point de forces, ne peut point punir : Or comme nous avons encore prouvé, les sujets en promettant de n'user de leurs forces que selon la volonté de leur Prince, s'en dépoüillent, à proprement parler, entre ses mains : & ainsi ils n'ont aucunes forces que celles qu'il leur donne. Mais il ne leur donne pas des forces pour s'en servir contre lui ; & par consequent les sujets n'ont aucunes forces contre leur Prince. Ils ne peuvent donc pas le punir. Voilà ce qui a fait dire à Salluste, qu'être Roi, c'est faire impunément tout ce que l'on veut : *Impunè quid vis facere, id est Regem esse* ; C'est aussi pourquoi Gregoire de Tours dit, que quand les Princes s'écartent de leur devoir, il n'y a que Dieu qui puisse les châtier, parce qu'ils n'ont point d'autre Juge que lui : *Ne-*

mo,niſi ſolus Deus Principis ju-dex eſſe poteſt. Un (a) ſçavant homme & un grand Miniſtre d'Etat a exprimé la même verité avec plus de nobleſſe : *cauſa Regiæ poteſtatis ſupernis eſt applicanda judicibus, quandoquidem illa è Cælo petita eſt, & ſoli Cælo debet innocentiam.*

Si les uſages des peuples ne ſont pas toûjours conformes à ces maximes : c'eſt que les hommes ne raiſonnent ni n'agiſſent pas toûjours conſequemment. Chez les Juifs, les Princes encouroient des peines quand ils avoient peché contre les loix ; mais ils étoient eux - mêmes leurs Juges ; c'eſtà-dire qu'ils ſe condamnoient, qu'ils regloient leur peine , & qu'ils choiſiſſoient celui qu'ils vouloient pour la leur faire ſouffrir. Les Egyptiens , quelque

(a) Caſſiodore.

coupables que fuſſent leurs Rois,
attendoient leur mort pour pro-
ceder contre eux : & après leur
jugement, privoient leurs corps
de la ſepulture : Les Juifs brû-
loient ceux de leur Rois. Pline
parlant de la Tapobrane, dit,
que lorſque le Roi de ce Pays a
commis quelque crime éclatant,
on le punit de mort ; mais avec
cette formalité, qu'à cauſe de
ſa dignité perſonne ne le juge, ni
ne le condamne ; qu'on ne le
met point en priſon : mais que
tout le monde lui refuſant des
vivres, il eſt contraint de mourir de faim. Charles premier,
Roy d'Angleterre, ne repondit
jamais autre choſe à cette Cour
de ſcelerats, que ſes ſujets
revoltez avoient choiſie pour lui
faire ſon procès ; ſinon qu'elle
eût à montrer quelle authorité
elle avoit de le juger. Et le Pre-

fid ent lui ayant reparti qu'ils avoient reçû cette authorité du peuple, & des Communes. Le Roi demanda comment ces Communes pouvoient leur avoir donné une authorité qu'elles n'avoient pas ? Elles qui n'avoient d'authorité que celle que le Roi leur donnoit, & qui ne jugeoient les sujets qu'avec sa permission.

CHAPITRE VI.

Que les sujets ne sont jamais en droit de resister à leurs Princes.

C'Est encore un privilege des Princes, de pouvoir tout ce qu'il leur plaît, sans que personne soit en droit de leur resister ; & les sujets sont obligez de leur obéïr. En effet, la nature de la Societé Ci-

vile confiste dans l'union de plufieurs en une même volonté ;
par confequent l'obéïffance des
particuliers à la Societé, ou à
celui qui la reprefente, eft l'a-
me & l'effence de la Societé : de
forte que comme les moindres
coups qu'on porte à des parties
effentielles, font des coups mor-
tels ; de même on ne peut fi
peu toucher à cette obéïffance,
que ce mépris n'ait trait à la dif-
folution de la Societé. 2°. Tous
les particuliers qui compofent
une Societé Civile, en la formant fe font défaits de leur volonté, & l'ont mife, pour ainfi
dire, entre les mains de cette
Societé, ou de celui qui la reprefente ; en s'engageant à ne
vouloir que ce qu'il voudra : or
s'ils ne peuvent fe fervir de leur
volonté que dépendemment de
celle de leur Prince ; ils ne peu-

vent donc jamais lui défobéïr. Enfin la volonté du Prince contient celle de tous fes fujets. C'eft pourquoi ils font cenfez , & ils doivent vouloir tout ce qu'il veut.

Mais, dira-t-on, le Prince n'eft pas infaillible , ni impeccable , il peut abufer de fon pouvoir , & foit par ignorance , par malice , ou par paffion , il peut commander des chofes dures , injuftes , & hors de propos. Je l'avoüe : mais comment fçaurez-vous que ce qu'il a commandé eft dur , injufte & hors de propos ; finon parce que vous aurez pris la liberté d'en juger ? Or vous eft-il permis de juger de fes actions ? Ne vous fouvenez-vous pas que vous avez renoncé à vôtre propre jugement , pour vous conduire par celui de vôtre Prince ? Vous

» croiez qu'il fait mal , & lui il
» croit bien faire. Qui est-ce qui
» decidera ce differend ? toutefois
» jusqu'à ce qu'il soit decidé, vous
» ne pouvez désobéïr à vôtre Prin-
» ce comme à un injuste ; car il
» est question de sçavoir s'il l'est ,
& les Princes ne connoissant
point de Juge ni de superieur ;
il s'ensuit que ce differend ne
sera jamais decidé : & par consequent vous serez toûjours obligé d'obéïr. Mais de plus ce qui
est injuste à nôtre égard , ce
qui est contraire à nos interêts ,
est souvent utile à la Societé. Le
Prince a des vûës générales ,
dont nous ne pénétrons point
les raisons ; la justice veut donc
que nous respections les ordres
du Prince ; car c'est une maxime reçûë , que dans les choses
qui peuvent avoir des raisons legitimes qu'on ne connoît pas ,

on doit toûjours juger favora-
blement. Cette maxime a encore plus de lieu à l'égard des
Princes à qui nous devons du
respect, & que le bien public
interesse. Je passe plus avant, &
je dis que quand le Prince auroit tort, il faudroit lui obéïr ;
autrement on bouleversera la Societé Civile. En effet, si l'on
peut désobéïr au Prince, lorfqu'on croit qu'il a tort, on ne fera
plus que ce qu'on voudra, on
n'aura qu'à se persuader qu'il a
tort pour se dispenser de faire
ce qu'on n'approuvera pas : En
un mot, chacun jugeant quand
le Prince a tort ou droit de lui
commander, jugera aussi quand
il doit obéïr, ou ne pas obéïr ;
& sur ce principe, il n'obéïra
que lorsqu'il voudra. Je ne sçaurois mieux conclure cette importante matiere, que par ces

belles paroles de Corneille Tacite : *Quomodo sterilitatem, aut
nimios imbres, & cætera natu-
ræ mala, ita luxum, & ava-
ritiam dominantium tolerate.
Vitia erunt donec homines erunt;
sed neque hæc continua, & alio-
rum interventu pensantur.* Seneque le Tragique, dit aussi
avec beaucoup de sagesse :

*Æquum atque iniquum Regis
imperium feras.*

Tite-Live compare les Princes
aux peres & aux meres, & conseille d'adoucir la rigueur des uns
& des autres par la patience : *Ut
parentum, ita Principum pa-
tiendo ac ferendo lenienda est sæ-
vitia.* Justin écrit que ce fut le
parti que prit Lysimaque, maltrai
té par Alexandre : *Magno an-
mo,* dit-il, *Regis velut paren-
tis contumeliam tulit.*

CHAPITRE VII.

Des Loix divines qui concernent l'obéïssance que l'on doit aux Princes ; & de la pratique de ces loix parmi les Juifs, & parmi les Chrétiens.

DANS l'Ancien Testament, Dieu condamne à la mort celui qui désobéira au grand Prêtre, ou à celui entre les mains de qui sera le gouvernement. Dans l'Evangile, *Jesus - Christ* ordonne de rendre à *César* ce qui appartient à *César.* Saint Paul exhorte les Romains *à obéïr aux puissances, non seulement pour leur sureté : mais encore par un motif de conscience.* Saint Pierre *recommande la soumission à ceux qui vivent dans la dépendance, soit que leurs*

maîtres les traitent avec douceur, soit qu'ils les maltraitent.
Les Docteurs qui ont succedé
aux Apôtres, ont parlé le même langage. Saint Clement dans
ses Conſtitutions, veut que les
ſujets obéïſſent à leur Prince
quand il ſeroit impie & injuſte,
quamvis impio, quamvis injuſ-
to. Enfin il ſoutient qu'il ne leur
eſt jamais permis de lui reſiſter,
Licitum non eſt Regiæ poteſtati
reſiſtere. On ne peut rien voir
de plus fort, & en même tems
de plus conſolant que ce que
dit Saint Auguſtin ſur cette matiere : *Neceſſe eſt,* dit - il, *per*
hanc vitam nos ſubditos eſſe, non
ulciſcentes ſi quid illi auferre
voluerint. Et ailleurs : *Ita à*
plebibus Principes, & à ſervis
domini ferendi ſunt, ut ſub
exercitatione tolerantiæ ſuſti-
neantur temporalia, & ſperen-
tur æterna.

Faisons voir la pratique de cette doctrine, dans l'Ancien & dans le Nouveau Testament. Saül conçoit de la jalousie contre David, dont la gloire obscurcissoit la sienne : il veut perdre ce vainqueur de Goliath ; il le poursuit par tout son Royaume. David a des troupes resoluës à se sacrifier pour sa personne. Mais il ne pense pas à les employer contre son Roy, il cherche son salut dans la fuite. La fortune le rend deux fois maître de la vie de son persecuteur ; l'une dans le camp de celui-ci, où il le surprend au milieu de sa garde ; & l'autre dans une caverne, où il a encore plus beau pour s'en défaire. Ses amis le sollicitoient de profiter de la derniere occasion, & ils vouloient eux mêmes ôter la vie à Saül ; mais David les en empêcha,

cha, non par un excès de mode-
ration; mais par un veritable fcru-
pule de confcience. *Qui eft ce-*
lui, dit-il, *qui portera les mains*
fur l'Oint du Seigneur, & fera
innocent ? Quis *extendet ma-*
num fuam in Chriftum Domini,
& innocens erit ? Il fe repentit
même d'avoir touché à la cotte
d'armes de ce Prince, & d'en
avoir coupé la bordure : *Per-*
cuffit cor fuum David eo quod
abfcidiffet oram chlamydis Saül.
Enfin aprés avoir erré long-tems
de côté & d'autre pour éviter
la colere de Saül, il refolut de
fe retirer chez les Philiftins; non
pas comme ces traîtres, qui
ayant encouru la difgrace de
leur Prince, & en étant mal-
traitez, fe donnent à fon ennemi : mais afin d'affurer fa vie,
& de joüir du repos aprés tant
d'agitation. Optat, Evéque de

Mileve , dans les réfléxions, qu'il a faites sur cette douceur de David , dit que son inclination naturelle l'auroit sans doute porté à se venger de celui qui le persecutoit si cruellement, mais que la crainte d'offenser Dieu l'avoit retenu : *Obstabat plena divinorum mandatorum memoria , volebat hostem vincere , sed prius est divina præcepta servare.* Ainsi ce qu'a fait David , ne doit pas être consideré comme l'effet d'une haute perfection , mais comme l'accomplissement d'un devoir dont l'on ne sçauroit se dispenser sans crime.

Les premiers Chrétiens étoient très persuadez de cette verité. Tertullien le fait voir dans son Apologetique. Mais afin qu'on puisse comprendre ce qu'il y dit , il faut observer que l'Em-

pereur Commode fut tué par la
conjuration de Martia, sa maî-
tresse, de Lætus son Capitaine des Gardes, & d'Electus son
Chambellan. Parthenius massa-
cra Domitien ; Plautien Prefet
du Pretoire, attenta sur la vie
de Severe, contre qui Pescen-
nius Niger, & Claudius Albi-
nus se revolterent aussi. Mais
toutes ces perfidies & toutes ces
cruautez, quoique commises
contre des Empereurs indignes
de ce nom, & ennemis de l'E-
glise, furent détestées par les
Chrétiens. Voici ce qu'en dit
Tertullien : *Undè Cassii & Ni-*
gri, & Albini, unde qui inter
duas laurus obsident Cæsarem,
undè qui faucibus ejus expri-
mendis palæstricam exercent,
undè qui armati palatium ir-
rumpunt omnibus Stephanis at-
que Partheniis audaciores ? De

M ij

Romanis, ni fallor, id eſt, de non Chriſtianis. Et en un autre endroit : *Circà majeſtatem imperatoris infamamur ; tamen numquam Albiniani vel Nigrini, vel Caſſiani inveniri potuerunt Chriſtiani.*

CHAPITRE VIII.

Que la cauſe de la Religion n'eſt pas une raiſon légitime pour ſe revolter contre ſon Prince.

JE n'ignore pas qu'il y a eû des Theologiens qui ont prétendu que les Princes perdoient par l'hereſie le droit qu'ils avoient de commander à des ſujets Catholiques. Mais où ces Theologiens avoient ils puiſé cette doctrine ? Ce n'eſt pas certainement dans l'Ecriture. Car où voit-on que les Prophétes ſe

foient revoltez contre les Rois
deferteurs de la loi de Moyſe,
qu'ils ayent prêché la revolte
contre ces deſtructeurs du culte
du vrai Dieu, qui les perſécu-
toient? Paſſons de la Synagogue
à l'Egliſe. Que JESUS-CHRIST
ordonne t - il à ſes Diſciples
lorſqu'ils feront perſecutez? De
fuïr de ville en ville devant
leurs perſecuteurs. Et Saint
Pierre, dont les ſucceſſeurs ont
porté ſi haut la puiſſance, l'a-
t-il employée, comme quelques-
uns d'eux, à remplir le monde
d'horreur & de carnage, ſous
pretexte de Religion? N'exhor-
toit-il pas au contraire les Fide-
les de ſon tems, à ſouffrir pour
la juſtice? leur repreſentant
qu'ils étoient appellez à ces trai-
temens : *Si bene facientes pa-*
tienter ſuſtinetis, hæc eſt gratia
apud Deum; in hoc enim voca-

ti eſtis. Dès le ſecond ſiecle,
l'Egliſe étoit étenduë par toute
la terre. Tertullien, qui vivoit
alors, le démontre dans ſon
Apologetique; & il fait voir que
ſi les Chrétiens l'avoient oſé, ils
étoient en état de faire tête aux
Empereurs qui les opprimoient:
*Si enim & hoſtes exertos, non
tantùm vindices occultos agere
vellemus, deeſſet nobis vis nu-
merorum & copiarum ? Plures
nimirum Mauri & Marco-
manni, ipſique Parthi, vel
quantæcumque, unius tamen lo-
ci & ſuorum finium, gentes,
quàm totius orbis. Heſterni ſu-
mus, & veſtra omnia implevi-
mus, urbes, inſulas, caſtella,
municipia, conciliabula, caſtra
ipſa, Tribus, Decurias, palatium, Senatum, forum; ſola
vobis relinquimus templa. Cui
bello non idonei, non prompti*

*fuiſſemus , etiam impares co-
piis , qui tam libenter trucida-
mur , ſi non apud iſtam diſcipli-
nam magis occidi liceret quam
occidere ?* Nous liſons la même
choſe dans Saint Cyprien : *Ne-
mo noſtrûm quando apprehendi-
tur, reluctatur, nec ſe adversùs
injuſtam violentiam veſtram ,
quamvis nimius & copioſus ſit
noſter populus, ulciſcitur.* Lac-
tance peint d'un ſeul trait la fureur des Idolâtres, & la patience des Chrétiens : *Cum tam ne-
fanda perpetimur , ne verbo
quidem reluctamur.* On ſçait les
demêlez de ſaint Ambroiſe avec
l'Imperatrice Juſtine , protec-
trice declarée des Ariens, & le
zele que cette Princeſſe témoigna pour ſa Secte , & comme
elle la fortifia de l'authorité de
l'Empereur ſon fils , le jeune
Valentinien. Les habitans de

Milan, alors le siege de l'Empire d'Occident, étoient la plûpart Catholiques ; ils n'attendoient que le signal de leur Evêque pour se soulever. Que fit Saint Ambroise ? Il les retint par ses discours & par son exemple dans la soumission qu'ils devoient à l'Empereur : *Coactus*, leur disoit-il, *repugnare non novi, dolere, flere, gemere potero. Adversùs milites lacrymæ arma mea sunt ; talia enim sunt munimenta sacerdotum ; aliter nec debeo, nec possum resistere*. L'Empereur Julien, surnommé l'Apostat, avoit fait auparavant la guerre à l'Eglise, qui n'opposa de même que les larmes à la rage de cet impie, *unique remede contre la persecution*, dit Saint Gregoire de Nazianze. Finissons par les réfléxions que fait Saint Augustin sur les persécutions secutions de l'Eglise : *Quoties Imperatores in errore sunt*, dit ce Pere, *leges ad tuendum errorem contra veritatem condunt, per quas justi examinantur & coronantur.* Et ailleurs : *Neque tunc Civitas Christi, quamvis adhuc peregrinaretur in terra, & haberet tam magnorum agmina populorum, adversùs impios persecutores pro temporali salute pugnavit, sed potiùs ut obtineret æternam non repugnavit ; ligabantur, includebantur, cædebantur, torquebantur, irridebantur, laniabantur, trucidabantur, & multiplicabantur; non erat eis pro salute pugnare, nisi salutem pro salute contemnere.*

On objectera sans doute, qu'un Prince hérétique peut pervertir ses sujets par son exemple, par ses promesses, & par ses menaces ; & que cette crainte est un motif suffisant pour le détrôner ; ou pour le déclarer inhabile à la couronne. Mais vous qui prononcez cet Arrêt, qui êtes-vous ? N'êtes-vous pas un particulier ? Dequoi vous ingerez-vous donc ? Si Dieu ne vous demandera point compte de la Societé, remettez-lui-en le soin ; contentez-vous de le prier de vouloir soutenir vôtre foiblesse, & celle de tous les autres sujets. Ils concourent, dites-vous, à dépoüiller le Prince, ou à le refuser. Soit ; mais le peuvent-ils ? N'avons-nous pas montré que le peuple cesse d'être ; c'est-à-dire, qu'il n'est plus qu'une multitude, dès qu'il a choisi un Souverain, ou qu'il a transporté son authorité dans une Maison ? De plus ; est-il permis de faire un mal pour en éviter un autre ? Enfin , vous allez bien vîte : tout ce qui peut arriver , arrive-t-il? Qui vous a dit que le Prince ne demeurera pas dans sa Sphere , uniquement occupé du gouvernement Politique ?

CHAPITRE IX.

Si l'on doit obéir aux Princes, lorsqu'ils commandent le mal.

ENtre les choses vicieuses, il y en a qui le sont tellement, qu'elles ne peuvent jamais être bonnes , comme celles que le Droit naturel & le Droit divin positif deffendent. Il y en a d'autres qui sont tantôt vicieuses , & tantôt bonnes, selon les circonstances qui les accompagnent. Un sujet ne doit jamais obéir à son Prince dans les premieres, quelques ordres qu'il en reçoive ;

puisque ces ordres sont contraires à des ordres superieurs. La déso-béïssance d ns les autres choses, souffre de la difficulté ; en effet, on n'y peut désobéïr au Prince, qu'en jugeant que ce qu'il com-mande est vicieux, & qu'il n'a pas le pouvoir de le comman-der. Cependant, nous avons fait voir que les sujets ont re-noncé à leur propre jugement pour suivre celui du Prince. Exa-minons donc en quels cas ils peuvent faire usage de leur ju-gement ; & en quels cas ils doi-vent s'abandonner à celui de leur Prince.

Nous avons deux sortes de connoissances : les unes sont simples & claires par elles - mê-mes, & les autres dépendent d'une longue suite de raisonne-mens. Les premieres ne nous trompent point, les autres nous

Impofent quelquefois. Je ne puis
donc pas foumettre mon jugement à celui d'un autre dans
les premieres connoiffances ;
mais je le puis faire dans les fe-
condes, qui font elles-mêmes des
jugemens : car juger, c'eft connoître avec difcuffion. Or ce qui
eft vicieux , parce que le Droit
naturel & le Droit Divin pofitif le défendent , appartient aux
premieres connoiffances ; & ainfi , quand j'ai renoncé à mon jugement , je n'ai point renoncé
à me conduire en telle conjonc-
ture par ces connoiffances , qui
n'étant pas des jugemens , ne
font point comprifes dans la renonciation que j'ai faite. A l'é-
gard des chofes qui font tantôt
vicieufes, & tantôt bonnes felon
les circonftances qui les accompagnent ; comme on n'en peut
faire la différence que par la

voye de l'examen, & par une suite de raisonnemens : ces connoissances sont de veritables jugemens. D'où il s'ensuit que j'y
puis soumettre le mien à celui
d'un autre. C'est pourquoi si
mon Prince me commande quelque chose de vicieux de cette
espece , je suis obligé de lui
obéïr ; car je ne puis refuser de
lui obéïr , qu'en jugeant de son
commandement : or je ne dois
pas en juger. Je suis donc obligé de lui obéïr , & je le puis
faire sans scrupule ; parce que
le mal qu'il y a dans ce qu'il me
commande, le regarde , & non
pas moi qui lui obéïs. Au contraire, mon obéïssance est loüable , & je pecherois si je ne lui
obéïssois pas : en effet , une
action n'est vicieuse que quand
celui qui la fait, la croit, ou
doit la croire vicieuse : or je ne

dois pas croire vicieux ce que
je fais par l'ordre de mon Prince ; puisqu'il ne m'est pas permis de juger de lui. Mais me direz-vous ? dans le fond de vôtre
cœur vous sçavez que ce que le
Prince vous commande est vicieux. Par exemple , que cet
homme, à qui il vous commande d'ôter la vie, est innocent. Je
le veux , mais dans cette action
ce n'est point par mon jugement;
mais par celui de mon Prince
que je dois me conduire ; & ainsi , je ne dois pas me conduire
par le jugement qui est favorable à cet homme , mais par celui qui lui est contraire. Je ne
fais donc point mal en lui ôtant
la vie ; car je ne la lui ôte pas
en qualité de particulier qui le
croit innocent ; mais en qualité de sujet qui n'examine pas,
& qui ne doit pas examiner

les ordres de son Prince.

CHAPITRE X.

Du Devoir des Princes.

APrès avoir parlé de ce que les sujets doivent à leur Prince, venons à ce que le Prince doit à ses sujets. Les hommes en formant des Societez Civiles ont eû en vûë leur sureté; le Prince doit donc la procurer à ses sujets; c'est-à-dire, qu'il doit les défendre contre les insultes. Ils peuvent être insultez par ceux avec qui ils vivent, & par les étrangers. Et comme la Police fait regner la paix entre les sujets; que les alliances & les armes la donnent avec les étrangers: le Prince doit donc policer son Etat, contracter des alliances avec ses voisins, & leur faire la

guerre dans les circonftances
que nous expliquerons.

CHAPITRE XI.

De la Police.

LA paix eft troublée entre
les fujets, lorfque l'un en-
treprend fur les droits de l'autre.
Cela peut arriver en deux manieres, par ignorance, & par
malice : par ignorance, quand
les fujets ne fçavent point ce
qu'ils peuvent, ni ce qu'ils doivent faire : par malice, quand
ils agiffent contre leurs lumieres. Le Prince doit publier des
loix pour bannir l'ignorance, &
il doit fe fervir de fon authorité
pour reprimer la malice. Mais
parce que les loix étant générales, elles ne peuvent point comprendre tous les cas particuliers,

ce n'eſt pas aſſez que le Prince
publie des loix, il doit encore
diſpenſer la Juſtice. Voici donc
en quoi conſiſte le devoir du
Prince à l'égard de la Police : à
faire de bonnes loix, à juger
ſon peuple, & à punir ceux qui
violent les loix.

CHAPITRE XII.

Des Loix.

Uand les hommes ont for-
mé des Societez Civiles,
ils ont renoncé à leur liberté, &
ſe ſont engagez à n'avoir point
d'autre volonté que celle de leur
Societé, ou celle du Chef de
cette Societé. Le Prince étant
donc le Chef de l'Etat, les
ſujets ſont obligez de ſuivre ſes
volontez, & il a droit de leur
preſcrire des loix. Il n'y a que

lui qui ait ce pouvoir ; car qui
est-ce qui le partageroit ? Le
corps de l'Etat, ou quelques-uns
des sujets ? Le corps de l'Etat ne
peut point le partager ; puisque
l'Etat ne fait plus de corps, qu'il
n'est plus qu'une multitude, dès
que le Prince est élu. Il faut
donc que ce soient quelques-uns
des sujets qui le partagent. Mais
ou ces particuliers ont reçu ce
pouvoir de la Societé en même-
tems que le Prince ; & alors, ni
le Prince, ni ces particuliers ne
font le souverain : mais ils composent tous ensemble un Senat,
en qui reside la puissance souveraine. Ou ces particuliers re-
çoivent ce pouvoir du Prince,
& il est le seul qui ait ce pouvoir ; puisque ces particuliers
ne l'ont, qu'autant qu'il le leur
communique. Reste donc qu'il
n'y a que le Prince, qui ait le

pouvoir de faire des loix.

Donc la volonté du Prince suffit seule pour faire une loi; & il n'est pas necessaire que cette loi soit approuvée par aucune authorité publique.

2°. Donc la loi cesse dès qu'elle est abrogée par la volonté du Prince ; & il peut seul l'abroger.

3°. Donc il n'y a que lui qui puisse dispenser de la loi ; puisque la dispense est une espece d'abrogation de la loi, par rapport à celui qui en dispense.

4°. Donc il n'appartient qu'au Prince d'interpreter la loi : car l'interpreter, c'est la restraindre ou l'étendre : or il n'y a que celui qui a le pouvoir de faire des loix, qui puisse les restraindre ou les étendre. De plus, comme la loi n'est que la

rolonté du Prince, interpreter la loi
c'eſt declarer la volonté du Prince. Mais perſonne ne peut bien
connoître les volontez de l'homme , que l'homme même ; &
ainſi il n'y a que le Prince qui
puiſſe interpreter ſes loix.

5°. Donc les loix ont la force qui eſt exprimée par les termes dans leſquels elles ſont con-
çuës.

6°. Donc les Magiſtrats ſont
obligez de former leurs jugemens ſur la lettre des loix.

7°. Donc quoiqu'on puiſſe
préſumer du ſens & de la fin de
la loi , neanmoins comme on ne
peut pas faire une loi , ſur ce
qu'on préſume que le Prince la
veut faire : de même on ne la
doit pas interpreter , quoiqu'on
preſume de l'intention du Prince : Car interpreter la loi, c'eſt
la modifier ; & la modifier, c'eſt

la faire. De plus, si ces présomptions avoient lieu, chacun présumeroit à sa fantaisie du dessein du Legislateur ; & ensuite il interpreteroit la loi, & la tourneroit dans le sens qu'il lui plairoit. C'est pourquoi il faut un Juge qui decide de ces présomptions ; & ce Juge ne peut être que le Legislateur même. On ne peut donc présumer du sens de la loi que lorsque le Prince en authorise la présomption. En un mot, interpreter la loi, présumer du sens de la loi jusqu'à l'interpreter, c'est juger du Legislateur & de la Loi. Or il n'est personne qui ait ce pouvoir.

Il resulte de ce que nous venons de dire, que la loi n'est autre chose que la déclaration de la volonté du Prince ; & qu'on peut définir les loix d'un Etat, *la forme de vivre prescrite par le Prince.* Il s'enfuit de cette conclufion que la loi s'étend auffi loin que le pouvoir du Prince, & que l'obéiffance des fujets ; c'eft - à - dire que la loi n'étant qu'un commandement du Prince, il peut faire des loix de tout ce qu'il peut commander, & que l'obligation que les fujets ont d'obéïr à la loi, n'eft limitée que par ce qui borne l'obligation, qu'ils ont d'obéïr à leur Prince.

CHAPITRE XIII.

Qu'il n'y a point de loi qui n'oblige fous quelque peine.

LEs loix ne ferviroient de rien fi l'on avoit la liberté de les méprifer ; & l'on auroit cette liberté fi l'on pouvoit les violer impunément. Il s'enfuit

de-là qu'il n'y a point de loi qui
n'affujetiffe à quelque peine
ceux qui la violent. Il s'enfuit 2°.
qu'une loi dont la tranfgreffion
ne feroit pas puniffable, n'o-
bligeroit point ; puifque l'on
pourroit la violer impunément.

***

CHAPITRE XIV.

Que les loix obligent en conſcience.

IL y a des Theologiens qui
enfeignent que les commandemens des hommes ne peuvent
jamais obliger fous peine de pé-
ché. Je foutiens que cette opinion eſt erronée. De quelque
maniere qu'on prenne la chofe,
ou en elle-même, ou par rapport à Dieu ; on trouvera toûjours qu'on ne peut contreve-
nir fans peché aux commande-

mens

mens que font les hommes.
Prenons la chofe en elle-même.
Il eft vrai que naturellement les
hommes ne font pas fujets les
uns aux autres : mais comme
nous l'avons fait voir, la raifon
leur diéte de fortir de l'état de
nature pour vivre en focieté: & la
Societé Civile confiftant dans le
concours de plufieurs en une
même volonté ; cette même raifon diéte aux hommes de fe foumettre aux volontez de leur focieté , ou de ceux qui en ont le
pouvoir. Tellement que la dé-
fobéiffance à la Societé , ou à
ceux qui en ont le pouvoir eft
contre la raifon naturelle. Or
il n'y a pas de doute que ce qui
eft contre la raifon naturelle ne
foit un peché. En fecond lieu,
le violement des conventions &
des promeffes eft contre la loi
naturelle : or celui qui défo-

béït à son Prince, viole les promesses qu'il lui a faites ; il viole
donc la loi naturelle , & par consequent il pêche.

A l'égard de Dieu , ne nous
ordonne - t - il pas d'obéïr aux
hommes,& par consequent n'est-
ce pas lui désobéïr à lui - même que de ne leur pas obéïr? Et
enfin , n'est - ce pas pêcher que
de lui désobéïr ? C'est là préci-
sément le raisonnement de Saint
Paul dans son Epître aux Romains : *Il n'y a point , dit - il ,
de puissance qui ne vienne de
Dieu , & c'est lui qui a établi
toutes celles qui sont dans le
monde :* NON est potestas nisi à
Deo ; quæ autem sunt , à Deo
ordinata sunt. *Quiconque donc
s'oppose aux puissances , s'oppose à l'ordre de Dieu :* ITAQUE
qui resistit potestati , Dei ordi-
nationi resistit ; *& ceux qui leur*

*refiſtent ſe rendent coupables , &
attirent ſur eux ſa colere :* Qui
*autem reſiſtunt , ipſi ſibi dam-
nationem acquirunt.*

Les Theologiens , dont j'ai
parlé font deux difficultez : la
premiere , que ſi l'on pêche en
déſobéïſſant aux Princes , ils
feront les arbitres du ſalut de
leurs ſujets , à qui ils feront des
commandemens , dont les tranſ-
greſſions feront tantôt des cri-
mes , & tantôt des pechez le-
gers. Voici ma reponſe. Dieu
veut que les hommes obéïſſent
aux puiſſances , je l'ai démon-
tré : ils ne peuvent donc leur
déſobéïr ſans déſobéïr à Dieu ;
c'eſt - à - dire , ſans pecher. Et
comme les puiſſances ne peuvent les empêcher de pecher ,
elles ne peuvent de même les
empêcher de pecher plus ou
moins grièvement : en effet ,

comme ce n'est pas la volonté des puissances, mais la défobéïssance à leurs ordres qui fait le peché ; ainsi ce n'est pas la volonté de ces puissances, mais la qualité de la défobéïssance qui est la mesure du peché. La qualité de la défobéïssance se regle par la nature de la chose commandée, & par la maniere plus ou moins forte dont elle est commandée ; les puissances pouvant commander une chose plus ou moins fortement, selon que cette chose est plus ou moins importante.

On objecte en second lieu, que lorsque la loi exprime la peine que doivent subir ceux qui ne l'observeront pas ; les transgresseurs sont quittes envers le Legislateur, en subissant cette peine : comme s'ils achetoient par là le privilege de vio-

ſer la loi. Je demeure d'accord
que ſi elle étoit conçûë en ces
termes : Ceux qui auront envie
de faire une telle choſe paye-
ront tant , ou ſubiront une telle
peine: comme le deſſein du Legiſlateur ne ſeroit pas de défendre
la choſe , mais de la permettre
ſous condition ; on ſeroit quitte
envers lui en ſubiſſant la peine ,
puiſque m'y ſoumettant , la choſe ne m'eſt pas défenduë. Mais
parce que le deſſein du Legiſlateur n'eſt pas de la permettre à
ceux qui conſentiront de ſubir
la peine : qu'au contraire, il n'é-
tablit la peine que pour aſſurer
l'obſervation de la loi ; il s'enſuit
qu'on ne ſçauroit la violer ſans
déſobéïſſance , & par conſéquent ſans peché.

CHAPITRE XV.

De la mesure des peines.

LA raison défend d'imposer des peines, dans la seule vûë de faire souffrir. Donc la peine ne doit pas être regardée comme peine, mais comme un bien : donc l'utilité doit être la mesure des peines. Cette utilité se prend du côté du coupable, ou du côté des autres. L'utilité de la peine par rapport au coupable, consiste à l'assurer contre les rechûtes ; & par rapport aux autres à les détourner de l'imiter, & à mettre le public à couvert des insultes. Parcourons les peines qui conviennent à ces fins. La premiere de ces fins, est d'assurer un coupable contre les rechûtes : or une peine est ca-

pable de produire cet effet ; lorfqu'elle caufe plus de douleur &
qu'elle fait plus de préjudice que
la faute ne donne de plaifir &
qu'elle n'apporte de profit. La
feconde de ces fins, eft de rete-
nir dans le devoir ceux qui feroient difpofez à en fortir ; & il
faut les contenir par la crainte
de la peine qu'on exerce contre
les coupables. La troifiéme de ces
fins, eft de mettre le public à
couvert des infultes. C'eft pourquoi on doit prendre garde à la facilité de la tranfgreffion, à l'avantage dont elle peut être, & au
dommage qu'elle peut caufer; &
proportionner la peine à ces circonftances. Car plus une chofe
eft facile & avantageufe, plus
on eft hardi à l'entreprendre :
par confequent, plus il faut
groffir la peine pour en détourner les hommes : de même, plus

le dommage feroit grand , plus
faut - il apporter de précautions
pour le prévenir ; & en même
tems les excès , aufquels la vengeance pourroit porter ceux qui
fouffriroient ce dommage.

CHAPITRE XVI.

De la Difpenfe & du Privilege.

LEs Legiflateurs font des
hommes, & par confequent
il échape bien des chofes à leur
prévoïance. La nouveautédes cas
qui furviennent , les oblige d'é-
xempter de la loi ; & ces exemp-
tions s'appellent des Difpenfes.
Elles font délicates ; car elles
donnent atteinte à la loi : de
plus , elles mettent de la difference entre des perfonnes dont
la condition eft égale. Or la loi
naturelle défend ces diftinctions.
Ainfi

'Ainsi les Dispenses blessent cette loi. Par consequent elles n'ont lieu que lorsqu'elles causent plus de bien que de mal ; ou dumoins lorsque l'un compense l'autre : *Novit*, dit Saint Bernard, *fidelis servus & prudens, quem constituit Dominus super familiam suam , ibi tantùm usurpare dispensationem , undè bonam possit habere compensationem.* 2°. On ne doit dispenser que lorsqu'il y a des raisons particulieres de le faire : quand il n'en arriveroit point d'autre inconvenient que de donner atteinte à la loi, & de mettre de la difference entre des personnes, qui étant égales, ont droit d'exiger un égal traitement. Les raisons particulieres de dispenser se doivent prendre des qualitez exterieures, & non pas des interieures. Par exemple, la superiorité de genie (*a*) n'est pas un motif légitime de Dispense. Pourquoi cela ? Parce qu'il est fort peu d'hommes qui ne croient valoir les autres pour les qualitez interieures ; ainsi la distinction des personnes se doit regler par les qualitez exterieures. Donc la Dispense étant une distinction & un traitement exterieur des personnes , elle doit se regler par ces sortes de qualitez. Donc elle ne doit jamais se donner par amitié, par liberalité ; mais par des motifs qui exigent une distinction & un traitement exterieur diffe-

(*a*) Il peut arriver néanmoins que la Dispense soit légitime , quoi qu'accordée en faveur des qualitez de l'esprit. Par exemple , un jeune homme promet beaucoup ; le Roi peut le recevoir Officier avant l'âge fixé par les loix ; parce qu'il a en effet , ou qu'il aura bientôt le fond de merite que suppose la Magistrature ; & que le Souverain est Juge incontestable de ce merite.

rent. 3°. On ne peut difpenfer de la loi que dans les cas où il n’eft pas utile, ni à propos de l’obferver. Donc les chofes dont on peut difpenfer ne font pas bonnes en elles mêmes, mais in-differentes : c’eft-à-dire, tan-tôt bonnes & tantôt mauvaifes. Or ce qui eft indifferent n’eft bon que par rapport à fa fin. C’eft pourquoi on ne peut dif-penfer de la loi, que dans les rencontres, où ce qu’elle com-mande n’eft pas utile ni à pro-pos pour la fin de la loi, qui n’eft autre que le bien public. Par confequent on ne peut dif-penfer de la loi, lorfque ce qu’elle ordonne eft utile au bien public : mais feulement lorfqu’il eft utile au bien public de ne la pas obferver. Donc les Difpen-fes ne doivent jamais fe donner dans la vûë du bien particulier :

mais elles doivent être rapportées au bien public. C'eſt le ſentiment de Saint Bernard , qui ſoutient que les loix n'étant qu'*ad lucrum , ad cuſtodiam Charitatis ;* on n'en peut jamais diſpenſer , tandis qu'elles favoriſent la Charité. *Quamdiu ergo Charitati militant , immobiliter fixæ ſunt , mutarique omninò ab ipſis quidem Præpoſitis ſine offenſa non poſſunt.* Mais ces loix dont la Charité eſt la fin , ſe doivent changer , & l'on en doit diſpenſer , lorſque bien loin d'y contribuer , le contraire de ces loix y ſert davantage. Car ce ſeroit une imprudence de maintenir au préjudice de la Charité , ce qui n'a été introduit qu'en faveur de la Charité : *Juſtiſſimum eſſe liquet , ut quæ pro Charitate inventa fuerunt , pro Charitate quoque , ubi expedire vi-*

detur, vel omittantur, vel in-
termittantur, vel in aliud for-
tè commodius demutentur; ficut
è regione nequam procul dubio
foret fi ftatuta pro folâ Chari-
tate contra Charitatem tenean-
tur.

Lorfqu'on difpenfe contre ces
regles, la Difpenfe eft injufte
& abufive. Cependant fi c'eft
un commandement du Prince,
qui défend d'obferver la loi, le
fujet doit obéïr : Et comme il
n'agit point par fa volonté, ma's
par celle du Prince ; s'il y a du
mal dans cette Difpenfe, la faute tombe fur celui - ci, & non
pas fur le fujet. Au contraire,
fi la Difpenfe n'eft qu'un pouvoir qui lui eft donné, il peche
en s'en fervant, parce que c'eft
par fa volonté qu'il agit.

Le privilege eft une efpece
de Difpenfe ; car par le privile-

ge on donne au Privilegié un
pouvoir que les autres n'ont pas.
On l'exempte donc de la loi gé-
nerale, qui défend aux autres ce
qu'on lui permet. C'eſt pourquoi il faut raiſonner des privile-
ges comme des Diſpenſes.

CHAPITRE XVII.

De la juſtice que les Princes
doivent à l'urs ſujets.

Comme le Prince ne peut
pas faire des loix générales , & en même tems les accommoder ſi bien à tous les cas
particuliers , qu'ils ſoient tous
compris dans les paroles de la
loi ; il doit non ſeulement regler
ſon Royaume par de bonnes
loix : mais il doit encore les appliquer aux faits particuliers.
C'eſt ce qu'on appelle juger. Le

Prince a seul cette authorité ;
car ainsi que nous venons de
dire , juger n'est autre chose
que d'appliquer la loi aux faits
particuliers , & appliquer la loi,
c'est souvent l'interpreter. Or
il n'y a que celui qui a fait la loi,
qui ait droit de l'interpreter.
Donc comme il n'y a que le
Prince qui ait droit de faire des
loix , il n'y a aussi que lui qui
ait droit de juger. L'Histoire
nous apprend que ceux qui ont
regné avec le plus de gloire , en
ont fait une de leurs principales
occupations. Le Seigneur de
Joinville rapporte , *que Saint*
Loüis , au milieu même de ses
divertissemens , se faisoit appor-
ter le siege sur lequel il rendoit
la Justice , pour la dispenser aux
personnes qui la demandoient.

CHAPITRE XVIII.

Des Magistrats.

MAis parce que le Prince ne peut pas prendre connoissance des differends de tous ses sujets , il en nomme quelques-uns à qui il donne le pouvoir de juger les autres selon les loix. Il s'ensuit de là 1°. que le pouvoir des Magistrats n'est qu'un pouvoir participé, & que le Prince peut retirer.

2°. Que les Magistrats doivent juger selon les loix ; & non pas selon leurs lumieres particulieres.

3°. Que quand un Magistrat croiroit un homme innocent, il devroit le condamner , s'il étoit coupable selon les loix.

CHAPITRE XIX.

Du Conseil des Princes.

NOn seulement le Prince a besoin de secours pour juger ses sujets, il en a encore besoin pour prendre des résolutions avantageuses à l'Etat. Les Conseillers du Prince doivent avoir les qualitez que décrit Ausone : *In primis necesse est*, dit-il, *ut Regis Consiliarii sint maximo ingenio præditi, bonis artibus exculti, longo rerum usu periti, in historiis diligentissimè versati, neque præsentia tantùm sagaciter odorantes, sed longè in posterum, quid utile futurum sit reipublicæ, conjecturâ providentes.*

Thucydides agite quels sont les esprits les plus propres à la

conduite des affaires publiques;
& il donne son suffrage aux esprits lents. La verité est que
pour l'ordinaire, les desseins des
esprits lents sont mieux concer-
tez que ceux des esprits vifs. Au
reste la prudence n'est pas in-
compatible avec la vivacité, ni
l'imprudence avec la lenteur d'esprit.

Le conseil des personnes qui
ont interêt au sujet de la déli-
bération, est suspect : & Aristo-
te cite une loi Grecque, qui
excluoit du Conseil de Guerre
ceux qui possedoient des terres
auprès de l'ennemi. Le Prince
ne doit donc prendre avis que
des personnes, qui n'ont point
d'interêt à la chose dont il s'a-
git.

La flaterie jouë ses plus grands
rôles dans le Conseil des Princes. Après avoir reconnu leurs

fentimens , elle les propofe comme d'elle-même , afin de faire fa
cour : le Prince trouvera de la
fincerité dans fes Miniftres , s'ils
connoiffent qu'il aime la verité ,
& s'il eft maître de fa langue.

Un (a) Roi de Perfe pré-
vint fon Confeil par ce préam-
bule : *Je vous ai affemblez pour
ne point paroître me conduire par
ma tête : mais fouvenez - vous
de m'obéir fans entreprendre de
me perfuader.* Tous les Princes
ne font pas auffi entètez pour
leurs fentimens que celui - là.
Neanmoins il eft vrai de dire
qu'ils en font tous prévenus à
certain point. Leurs Miniftres fe
doivent regler là deffus , dans la
maniere de donner leur avis :
c'eft - à - dire , qu'ils ne doivent
pas le dire trop fortement , de
crainte que le Prince ne fe met-

______
(a) Xerxès.

te dans l'esprit qu'ils ont plûtôt deßein de le mener, que de le mettre sur les voyes.

Il est de l'interêt du Prince que son Conseil soit composé de plusieurs personnes. Un homme peut se tromper & tromper un autre homme; mais il est difficile que plusieurs se trompent, & soient trompez.

CHAPITRE XX.

Des autres Ministres des Princes.

CElui qui a ouvert un avis, s'interesse dans le succès de cet avis. C'est le fondement de cette réfléxion de Josephe, qu'*il n'y a personne plus propre pour executer un conseil, que celui qui l'a donné.*

Au contraire, il ne faut ja-

mais commettre l'execution
d'un deffein, à celui qui l'a dé-
faprouvé.

La lenteur convient aux ré-
folutions ; & la promptitude à
l'execution, qui demande toutefois du tems : puifque fi l'on
preffe ceux qui en font chargez,
ils ébaucheront feulement les affaires,& ne les termineront point.
Scipion pouvoit détruire Carthage : mais parce que la fin de
fon Confulat approchoit, il ai-
ma mieux faire la paix avec les
Carthaginois, que de laiffer à
un autre la gloire d'achever ce
qu'il avoit commencé.

La multitude des Chefs, trouble l'ordre des entreprifes, & les
fait avorter. Guichardin appuie
cette maxime de l'experience de
tous les fiecles, *qui montre*, dit-
il, *que les entreprifes qui dépen-*
dent de plufieurs têtes, font pref-

que toûjours malheureuses. Annibal échappa à Varron & à son Collegue, pendant qu'ils difputoient s'ils le pourfuivroient. Appius expofa fes troupes, pour ne point partager l'honneur du fuccès avec Volumnius. Les Romains avoient envoyé trois corps d'armée contre les Veïens, qui étoient perdus: fi les Chefs qui commandoient ces corps fe fuffent accordez. La méfintelligence fe mit parmi eux, affoiblit leurs forces, & fauva les ennemis. Les Romains inftruits par ces difgraces, ordonnerent qu'à l'avenir, les Confuls commanderoient alternativement. La défaite du Maréchal de la Ferté, devant Valenciennes, a introduit la même Police dans nos armées.

Celui que le Prince a commis, ne doit point exceder les

termes de fa commiſſion, quelque ſuccès qu'il ſe promette. Car comme dit Céſar : *Aliæ ſunt Legati partes, aliæ Imperatoris ; alter omnia agere ad præceptum, alter liberè ad ſummam rerum conſulere debet.* Manlius Torquatus déclaroit qu'il ne combattroit point ſans l'ordre de ſon Général, quand il ſeroit ſûr de remporter la victoire ; & ſon fils ayant attaqué les ennemis contre ſa défenſe, il le condamna à perdre la vie ; quoique la fortune eût favoriſé les armes de cet audacieux. Avidius Caſſius exerça la même rigueur contre des Capitaines qui étoient tombez dans la même faute ; & qui avoient combattu avec le même bonheur.

Le pouvoir du Miniſtre étant une émanation de celui du Prince, l'un diminuë à proportion que l'autre augmente : or c'eſt un degré pour s'élever à l'indé-pendance, où tous les hommes aſpirent. Les Miniſtres demeu-reront ſoumis au Prince, 1⁰. Si leurs emplois ne ſont que des commiſſions : 2⁰. Si ces emplois ne leur donnent point trop d'authorité : 3⁰. Si le Prince gouverne par lui même.

Tibere changeoit le moins qu'il pouvoit les Gouverneurs des Provinces de l'Empire ; & il juſtifioit ſa conduite par ce rai-ſonnement : qu'ils n'avoient pas plûtôt mis le pied dans les Pro-vinces, qu'ils commençoient à les piller ; & que plus ils crai-gnoient d'être rappellez , plus ils ſe hâtoient de s'enrichir. De ſorte que s'il leur donnoit des ſucceſſeurs, le peuple ſeroit la proye de ceux-ci, comme il l'a-

voit

voit été de ceux-là : au lieu qu'é-
tant continuez , ils le laisse-
roient en repos après l'avoir fa-
tigué , & s'être engraissez à ses
dépens. Mais c'étoit remedier à
un mal par un autre : il faut empêcher les concussions , & changer les Gouverneurs ; afin qu'ils
ne s'établissent point dans le païs,
par un long séjour , & qu'ils
n'y fassent point les petits souverains. Les autres Ministres qui
font dans des postes, où ils peuvent se rendre trop puissans ,
ne doivent pas être plus ména-
gez.

Il importe à l'honneur du Prince , & à la tranquillité publique ,
qu'il venge son peuple des injusti-
ces de ses Ministres; il leur a con-
fié son autorité, il repond de leur
ministére. Cependant comme il
a coûtume de les soutenir, quand
il se déclare en faveur de ses

sujets, cette justice les surprend & les charme ; ils le comblent de bénédictions. Au contraire, lorsqu'il ferme les oreilles à leurs plaintes, & qu'il n'est point touché de leur oppression, ils tombent dans l'abattement, ou ils entrent en fureur : voyant leurs biens entre les mains de ces Ministres, des cruautez desquels ils ne sçauroient avoir raison. C'est de-là que prit naissance la revolte des Juifs contre les Romains, & celle des Suisses contre l'Empereur.

CHAPITRE XXI.

Que le Prince doit fuir les nouveautez.

NOus lisons dans Dion Chrysostome une réfléxion qui doit corriger & fixer les Princes inquiets. *Les changemens que font les Puissances dans leurs Etats, leur en ôtent, dit-il, la possession.*

Après tout, les innovations ne sont jamais plus dangereuses, que lorsque le Prince regnant succede à un Prince sage & estimé : ou que le ministere a été en des mains habiles. Mais encore, pourquoi les changemens sont ils perilleux ? C'est qu'ils tirent les hommes hors de leur assiete ; & que par consequent ils les chagrinent, & leur rendent odieux ceux qui les font. En effet, les hommes se conduisent moins par raison que par habitude ; ils font volontiers ce qu'ils ont coutume de faire : de sorte que si vous les laissez dans leurs usages, 1°. vous contentez leur inclination naturelle, 2°. vous témoignez du respect pour la forme du gouvernement, 3°. vous disposez vos sujets à ne point examiner vôtre conduite. Au contraire, lorsque vous les troublez par des nouveautez, vous irritez leur curiosité ; ils ouvrent les yeux ; ils demandent si le Prince regnant est plus sage que ceux qui ont gouverné l'Etat avant lui : En un mot, les plus moderez mêmes, ne peuvent s'empêcher de faire ce qu'on fait toûjours, quand on voit paroître quelque chose de nouveau ; c'est-à-dire, d'en rechercher la cause.

L'Empereur Tite avoit un si grand respect pour tous les Reglemens de ses prédécesseurs, qu'il ne voulut pas même permettre qu'on lui demandât la ratification de leurs dons ; & l'Empereur Nerva publia un Edit conçû en ces termes : *Nolo existimet quisquam quæ ab alio Principe vel privatim vel publicè est consecutus, ideò saltem à me rescindi ut potius mihi debeat, si illa rata & certa fecero ; nec enim gratulatio ullis instauratis eget precibus.* L'Empereur Pertinax gagna tous les cœurs, par la protestation qu'il fit à son avenement à l'Empire, d'observer les loix, & de rétablir les anciens usages que les Tyrans avoient abolis. On raconte de Philippe, Roi de Macedoine, qu'il s'accommodoit aux mœurs des peuples parmi lefquels il fe trouvoit. Strada écrit que l'Empereur Charlequint vivoit en Efpagnol avec les Efpagnols ; en Allemand avec les Allemands ; & en Flamand avec les Flamands : & que ce qui dégouta le plus ces derniers du gouvernement de Philippe I I. Roi d'Efpagne , fut le mépris qu'il témoigna pour les manieres du païs. Tant il importe de fe ranger aux mœurs & aux ufages des peuples : jufques-là , que quand ces mœurs & ces ufages auroient quelque chofe de vicieux , il ne feroit pas de la prudence de les changer en de meilleurs ; *Quæ in fuo ftatu eodemque manent, etfi deteriora fint , tamen utiliora funt reipublicæ iis quæ per innovationem vel meliora inducuntur.* Le luxe des Romains étoit exceſſif ſous l'Empire de Tibere ; il forma le deſſein de le reprimer : mais après y avoir penſé plus mûrement, il ſe détermina à le ſouffrir ; pour ne pas remplir Rome de tumulte, dit Corneille Tacite.

La Police ſera donc ſans fonction, & la licence triomphera dans les Societez ? Point du tout, parce qu'il eſt des rencontres où les Princes peuvent & doivent même faire des changemens. Mais ce n'eſt pas au commencement de leur regne ; ils doivent attendre qu'ils ayent acquis de la reputation, & qu'ils ayent accoutumé les peuples à leur gouvernement. 2°. Les changemens ne ſe doivent pas faire tout-à-coup, mais inſenſiblement. 3°. La Politique veut qu'on retienne autant qu'on peut les apparences des choſes que l'on change : *Semper in re-rum mutationibus , antiqua-rum umbra retineatur.* Après que Rome eût perdu sa liberté, les Céfars conferverent l'Ordre des Senateurs , la dignité Con-fulaire , & toutes les marques exterieures de l'ancien gouver-nement. Ce Senat, ces Confuls, & toute cette forme de la Repu-blique , n'étoient que des noms, & qu'une ombre de ce qu'elle avoit été : mais ces titres & ces dehors impofoient au peuple. Il ne s'apperçevoit point de fa fervitude , il fe croioit libre ; parce qu'on ne l'avoit pas dé-poüillé des apparences de fa li-berté. Il paroît qu'il demeura dans cette erreur jufqu'au tems de l'Empereur Juftinien , qui ayant fupprimé le Confulat , excita des murmures incroya-bles dans l'Empire. Ce Prince

pêcha

pécha sans doute contre la Politique ; puisque cette dignité
étant sans fonction & sans authorité , elle ne lui devoit faire
aucun ombrage ; & que c'étoit
se commettre avec le peuple &
l'irriter à plaisir, que de lui ôter
ce phantôme de liberté.

Mais si le Prince ne doit pas
innover , ou s'il ne doit le faire
que rarement & avec circons-
pection ; à plus forte raison ne
le doit-il pas permettre à ses sujets. Les nouveautez les plus
dangereuses dans le peuple,
sont celles qui concernent la
Religion ; on s'y échauffe ,
on s'y aigrit , enfin on forme des
partis, qui vont quelquefois loin.

R

CHAPITRE XXII.

Des Societez particulieres.

J'Appelle Societé particuliere, un nombre de personnes qui dans le corps général de la Societé Civile, forment un corps particulier, comme un corps de Marchands. Nous avons montré que dès que le Prince est élu, le peuple cesse d'être & de former un corps, que ce n'est plus qu'une multitude sans union & sans action. Par conséquent les sujets ne peuvent faire de corps qu'avec la permission de leur Prince. S'ils ne peuvent faire de corps, qu'avec sa permission ; il s'enfuit 1°. que tout ce que fait le corps qu'ils forment, dépend de la volonté de ce Prince.

2°. Que la soumiſſion des membres de ce corps au corps même, ou à celui qui en eſt le Chef, dépend de la même volonté : c'eſt - à - dire , que les membres de ce corps ne ſont ſoumis à la volonté du corps & du Chef, qu'autant que le Prince y conſent.

3°. Que l'obéïſſance que les membres doivent au Corps, ou au Chef du Corps, eſt ſubordonnée à celle qui eſt duë au Prince.

4°. Qu'on ne peut promettre une obéïſſance contraire à celle qu'on doit au Prince ; parce que cette promeſſe auroit trait à la déſobéïſſance.

5°. Que les membres d'un corps ſont plus obligez d'obéïr au Prince , qu'à leur corps ou au Chef de leur corps.

6°. Que le Prince peut défendre aux membres d'un corps, d'obéïr à leur corps ou au Chef de leur corps ; & qu'alors ces membres ne doivent pas leur obéïr.

7°. Que le Prince peut caffer quand il lui plaît, les corps & les Societez particulieres.

Au refte, il en doit fouffrir fort peu ; la raifon eft, qu'elles ont leurs interêts particuliers differens de l'interêt public : or le Prince doit empêcher l'union de fes fujets, pour d'autres in-terêts que l'interêt public.

LA POLITIQUE.

CHAPITRE I.

Que l'interêt commande aux Princes, comme ils commandent aux peuples.

Nous n'aurions rien à ajoûter à ce que nous avons dit des devoirs du Prince à l'égard de ses sujets, si toute la terre étoit soumise à un seul, & si tous les hommes ne composoient qu'une Société. Mais parce qu'ils en font plusieurs, & que la terre est divisée en differens Etats, il ne doit pas seulement établir la paix entre ses sujets, il la leur doit encore procurer avec les étrangers. Avant que de passer outre, je poserai pour maxime que l'interêt commande aux Princes , comme ils commandent aux peuples. C'est un principe qui ne peut être contesté que par ceux , qui ne feroient pas attention que l'interêt personnel se trouve joint dans les Princes à celui du Public ; par conséquent il leur paroît juste & légitime.

Par conséquent ils donnent plus à leur interêt que les particuliers.

Par conséquent ils ne sont liez ensemble que par l'interêt.

C'est pourquoi si un Prince n'en a pas à secourir un autre Prince , on peut compter qu'il l'abandonnera ; au contraire , s'il a interêt de lui nuire , il le fera infailliblement. Ainsi le Prince ne peut faire fonds que sur ceux de ses voisins qui ont des raisons de s'attacher à lui ; & dès qu'elles cessent , il doit s'en défier. Par ces raisons j'entends également & les avantages qu'ils peuvent tirer de lui, & les maux qu'ils en peuvent craindre.

CHAPITRE II.

Des Alliances par le mariage.

LEs moyens dont le Prince peut se servir pour faire entrer un autre Prince dans ses interêts, sont l'amitié & les Alliances, les confederations & la guerre. Le premier de ces moyens est le plus foible ; car l'amitié des Princes ne dure pas plus de tems que l'interêt qui la forme ; elle est plus constante, lorsqu'ils sont parens, ou alliez. Les Princes de même sang dont les Etats ne sont pas voisins, ou dont l'un est si foible qu'il ne peut donner de jalousie à l'autre, vivent bien ensemble. Nous avons vû un exemple de cette union dans les deux branches de la Maison d'Autriche, pendant que l'une a été sur le Throne d'Espagne , & que l'autre avoit l'Empire , joint à la Bohême & à la Hongrie. Lorsque les Etats des Princes de même sang sont voisins & égaux en puissance , il arrive souvent que l'interêt & la jalousie les broüillent. Par exemple , quelles guerres n'y a t-il pas eû en France entre les freres, lorsque le Royaume étoit partagé ? Il en est des Alliances comme de la parenté ; si les Princes qui s'allient sont voisins & également puissans , leur Alliance ne produira pas grand fruit ; celles de la Maison de France avec la Maison d'Autriche , n'ont ja-

mais pû les accorder : mais les
Alliances entre des Princes voifins, lorfqu'ils font inégaux en
puiffance, font plus heureufes,
comme celles de la Maifon de
France avec la Maifon d'Ecoffe,
avant l'extinction de la poftcrité
de Henri VIII. Roi d'An-
gleterre.

CHAPITRE III.

Des Confederations en général.

LEs Confederez s'obligent les
uns aux autres par des traitez. Or la raifon dicte aux hommes de les executer. De-là
vient que les Confederations ont
plus de fuite que la parenté & les
Alliances. Après tout, parce qu'il
dépend des Princes d'accomplir
leurs traitez ou de les violer, que
la bonne foi ou la mauvaife foi

en décident ; il ne faut pas se repofer abfolument fur ces traitez: mais fe tenir fur fes gardes, & avoir des troupes pour imprimer de la crainte aux Confederez. On peut même, quand l'interêt de l'Etat le demande, troubler leurs deffeins, & arrêter leur puiffance. Ainfi les Efpagnols, nonobftant l'Alliance de la France, ont prêté du fecours aux Hollandois : les Hollandois, dans le tems qu'ils avoient traité avec la France, n'ont pas laiffé de fe fortifier contre elle par la triple Alliance : & les François pareillement, quoiqu'alliez avec les Efpagnols, ont foutenu le Portugal ; c'eft-à-dire que les Confederations mettent les Etats à couvert pour un tems, mais qu'elles ne les délivrent pas de leur ennemi.

CHAPITRE IV.

Des Confederations avec les Infideles, & avec les Heretiques.

EN général il n'est pas dé-
fendu aux Chrétiens de
contracter avec les Infideles ;
car si saint Paul n'a pas désap-
prouvé le mariage entre un
Chrétien & une Païenne, que
doit on penser des autres engagemens entre les Chrétiens & les
Infideles ? Isaac fit alliance avec
Abimelec, Jacob avec Laban,
David, & après lui Salomon,
avec le Roi Hiram. Mais quelles sont les bornes des confederations dont il s'agit ? 1º. Le traité
que fait un Prince Chrétien
avec un Prince Infidele, est forcé ou libre : il est forcé quand le

Prince Chrétien craint d'être accablé par les armes du Prince Infidele, ou par les armes d'un Prince Chrétien, à qui il oppoſe ce Prince Infidele ; dans ces cas nulle difficulté. Il eſt libre, quand le Prince Chrétien le fait pour en tirer quelque avantage. Si la Religion ne ſouffre point dans ce traité : nulle difficulté encore : mais s'il en expoſe les interêts, il eſt vicieux ; & il en expoſe les interêts, lorſqu'il fortifie le Prince Infidele, puiſque ſa puiſſance n'eſt pas favorable au culte de Dieu. Donc le Prince Chrétien doit traiter avec les Infideles, plutôt pour en recevoir du ſecours, que pour leur en donner. 2°. Le Prince Chrétien peut avoir à ſa ſolde des troupes Infideles ; mais il doit les empêcher de faire la guerre en Infideles. C'eſt ainſi que dans une Campagne , le Roi fit bruler des soldats Heretiques qui avoient prophané une Eglise. 3°. Le Prince Chrétien ne peut promettre de ne point secourir les Chrétiens contre les Infideles. 4°. Il en peut recevoir des places , mais non pas leur en donner. Si Salomon donna des villes à Hiram ; c'est apparemment que la religion Juïve étoit permise dans ses Etats. La même liberté de conscience supposée , un Prince Chrétien peut traiter sans ménagement avec un Infidele ; & un Prince Catholique avec un Heretique.

CHAPITRE V.

Des Ambaſſadeurs.

LEs Princes & les Etats differens, traitent enſemble,
non par eux-mêmes, mais par
des Procureurs, à qui l'on donne ordinairement le nom d'Ambaſſadeurs. C'eſt une maxime
reçûë que leurs perſonnes ſont
ſacrées ; l'interêt commun des
peuples l'a introduite. Ils ont
ſouvent des differends qui pour-
roient avoir de grandes ſuites,
ſi la Politique ne les prévenoit ;
mais il a falu accorder des prérogatives aux Miniſtres qu'elle
employe dans ces occaſions. La
premiere de ces prérogatives eſt,
qu'on ne peut refuſer d'écouter
ces Miniſtres. Les Romains ſe
plaignirent d'Annibal, comme

d'un impie qni avoit violé le Droit des Gens ; parce qu'il n'avoit pas voulu écouter leur Ambassadeur. On peut toutefois ne les pas admettre lorsqu'ils sont suspects. Le Roi Ezechias renvoya les Ambassadeurs du General des Assyriens, ayant connu qu'ils avoient dessein de faire soulever les Juifs. On peut encore ne les pas admettre, lorsque les personnes qui les envoyent n'en ont pas le droit. L'Empereur Justinien, quoi qu'on lui dît, ne voulut jamais recevoir les Ambassadeurs de Totila Roi des Goths. On peut enfin les refuser, lorsqu'ils ne viennent pas dans le tems ni dans la forme requise. Les Atheniens chasserent les Ambassadeurs des Lacedemoniens ; parce que leurs maîtres les suivoient avec une armée. Les Romains chaferent aussi ceux de Carthage pour la même raison.

Après que les Ambassadeurs ont été reçûs, on ne peut rien entreprendre contre eux, sans violer encore le Droit des Gens. Comme ils peuvent néanmoins en user mal; si l'injure n'est pas atroce, il la faut dissimuler, ou leur donner ordre de se retirer. Le peuple Romain prit ce dernier parti à l'égard de l'Ambassadeur de Tarente; & Elizabeth Reine d'Angleterre à l'égard de ceux d'Ecosse & d'Espagne. Si l'injure est atroce, il faut renvoyer l'Ambassadeur à son Prince, & lui en demander justice, ou la permission de le punir. En pareil cas, les Gaulois observerent cette formalité envers les Romains.

Cette seconde prérogative
des

des Ambaſſadeurs, s'étend juſques aux biens & aux perſonnes de ceux qui les accompagnent ; c'eſt pourquoi dans les
vieilles formules du peuple Romain, l'Ambaſſadeur diſoit :
Rex facis-ne me in regium nun-
tium populi Romani Quiritum-
que, vaſa, comiteſque meos ?
De ſorte que la Loi Julie condamne comme violateurs du
droit public, non ſeulement
ceux qui ont l'inſolence de l'in-
ſulter, mais encore ceux qui
inſultent les perſonnes de ſa ſuite. Car ſi elles ne ſe comportent
pas bien, il en faut uſer contre
elles, comme nous avons dit qu'il
en falloit uſer contre l'Ambaſſadeur ; c'eſt-à-dire, qu'il faut
lui en demander juſtice, ou la
permiſſion de les punir : & s'il
les protege, il faut s'adreſſer à
ſon maître. Les Romains ſe plai-

gnirent qu'on violoit le Droit des Gens, en châtiant fans leur aveu des perfonnes de la fuite de leur Ambaffadeur.

Il y a des Politiques qui prétendent que les maifons de ces Miniftres font des aziles , & qu'ils ont jurifdiction fur leurs domeftiques. Je conviens qu'on ne va pas chercher les criminels dans ces lieux-là , fans avoir fatisfait à la bienféance. Pour l'autre point , la Reine Chriftine ayant fait mourir fon Secretaire à Fontainebleau , elle reçût ordre de fortir du Royaume.

CHAPITRE VI.

Des causes & des motifs de la guerre en général.

AVant que d'entreprendre la guerre, le Prince doit consulter les loix de la Charité & de la justice. L'amour que l'homme se doit à lui-même, défend au Prince de se faire des affaires à plaisir, de commettre son honneur & sa fortune pour acquerir un bien leger. C'est pourquoi, comme les dangers & les maux de la guerre sont extrêmes, il ne la doit entreprendre que dans la vûë d'un bien capable de le dédommager avec usure de ces dangers & de ces maux ausquels il s'expose.

L'amour du prochain veut que le Prince regle tellement l'a-

mour qu'il fe doit à lui-même,
qu'il ne faffe jamais de mal aux
autres , que pour fe garantir de
celui qu'il apprehende. Cet
amour du prochain veut de plus
qu'il ne foit pas trop fenfible ni
vindicatif. Et ainfi le Prince ne
peut jamais entreprendre la
guerre pour fe délivrer ni pour
fe garantir d'un petit mal : Et il
faut que celui dont il veut fe délivrer ou fe garantir par la guerre,
foit prefque auffi fâcheux pour
lui que la guerre même.

Je paffe à la Juftice : il
femble qu'il n'y en puiffe avoir
entre les Societez Civiles ;
fa fonction étant de rendre
à chacun ce qui lui appartient : Elle fuppofe donc qu'il y
a des chofes qui appartiennent
aux uns à l'exclufion des autres.
Or cela eft faux de Societé à Societé ; puifque les peuples font

entre eux , comme les hommes
dans l'état de nature ; c'est - à -
dire , que chaque peuple a droit
à tout. Neanmoins ce droit peut
être borné par les traitez, & par
la raison qui ajuge au possef-
seur les choses qui n'ont point
de maître ; & au même possef-
seur , s'il est paisible & s'il jouïr
depuis long-tems , celles que le
premier maître a négligées. Donc
entre peuples, la Justice consiste
à entretenir les traitez , & à ne
point envahir les terres acquises
à un Etat , par la *premiere occupation* , ou par la prescription.
Ces deux conséquences ont
encore leurs exceptions , que
nous avons touchées en partie ,
& que nous acheverons d'expliquer dans la suite. Hors ces
cas qui sont en petit nombre , la
guerre est injuste.

CHAPITRE VII.

Des causes & des motifs de la guerre en particulier.

ON vient de voir qu'afin que les guerres soient légitimes, il faut qu'elles soient réglées par les loix de la charité & de la justice. *Retranchez*, dit saint Augustin, *la justice des exploits des Conquerans, que sont ces exploits, que d'illustres brigandages ?* REMOTA *justitia, quid sunt regna, nisi magna latrocinia?* Mais examinons dans le détail, ce qui peut rendre une guerre juste. L'injustice de l'ennemi la rend telle, dit le même Docteur, *Iniquitas adversæ partis, justa bella facit ;* c'est-à-dire, qu'on peut armer pour se défendre, lorsqu'on est attaqué injustement ; car si vous vous êtes attiré la guerre, vous ne pouvez la soutenir qu'après avoir offert à l'ennemi de le contenter. Ezechias pressé par les armes du Roi des Assyriens qu'il s'étoit attirées, reconnut sa faute, & offrit de donner satisfaction à ce Prince. Les Samnites ne se défendirent contre les Romains, ni les Thebains contre les Lacedemoniens, qu'après avoir offert à ces peuples de reparer le mal qu'ils avoient fait.

2°. On peut entreprendre la guerre, pour se faire rendre ce qui a été pris & qui est détenu injustement. Saint Augustin définit ainsi les guerres justes, après les Autheurs qui l'avoient précédé : *Justa bella definiri solent quæ ulciscuntur injurias, si gens & civitas vindicare neglexerit quod à suis improbè fac-*

tum est, & reddere quod per injurias ablatum est.

3°. Selon cette idée, on peut encore prendre les armes pour venger l'honneur de la nation. David défola le pays des Ammonites, dont le Roi avoit outragé fes Ambaffadeurs; & nous lifons dans un manifefte de Charles I I. Roi d'Angleterre , qu'une des raifons qu'il eut de déclarer la guerre aux Hollandois , étoit les infultes que lui & fes fujets avoient reçûs de leurs Bourgmeftres.

4° Toutes les guerres qui ont pour objet la confervation de l'État , font légitimes.

5°. Celles que l'on fait pour affoiblir une Puiffance, ne le font que lorfqu'il y a non feulement des raifons générales , mais encore des raifons particulieres de la craindre.

6°.

6°. La commodité d'une place, n'eſt pas un motif ſuffiſant pour s'en ſaiſir ; à moins que cette place ne fut abſolument néceſſaire à la conſervation de l'Etat : car à l'égard des choſes néceſſaires, les Etats ſont dans le même droit que les particuliers ; c'eſt - à - dire, qu'ils peuvent s'en emparer.

7°. Il n'eſt point permis de faire la guerre, pour ſe mettre plus à ſon aiſe.

8°. Si les guerres des alliez ſont juſtes,& ſi l'on leur a promis de les ſecourir, il faut executer ſa promeſſe.

9°. On peut encore ſe joindre à ceux avec qui on n'a pas traité, contre un ennemi dangereux ; quand la guerre ſeroit injuſte de leur part. En effet, quoiqu'ils ayent tort, vous avez raiſon de les défendre & d'empêcher qu'ils ne foient vaincus par un ennemi, dont la victoire vous feroit funefte.

10°. C'eft une queftion, fi l'on peut entreprendre la guerre pour étendre la Religion. Nous avons déja obfervé que les peuples font entre eux comme les hommes dans l'Etat de nature. On a vû de plus, que dans cet Etat, perfonne n'a droit de commander à un autre, & que chacun eft maître de rendre à Dieu, le culte qu'il lui plaît. Il s'enfuit de - là, qu'on ne peut point entreprendre la guerre pour étendre la Religion.

Elle doit être toute volontaire, dans le fentiment même de l'Eglife ; témoin ce Canon d'un Concile de Tolede : *Præcipit fancta Synodus nemini deinceps ad credendum vim inferre ; cujus vult enim Deus mifſeretur, &*

quem vult indurat. Saint Clement dit ceci de JESUS-CHRIST , dans ses Constitutions : *Liberam reliquit hominibus arbitrii potestatem , non morte corporali eos puniens , sed in altero sæculo ad reddendam rationem vocans.* Saint Athanase raisonne sur le même principe , avec cette différence qu'il en fait voir l'application à son sujet dans l'Evangile : *Le Seigneur sans faire de violence , mais laissant la volonté à sa liberté , disoit à tout le monde : Si quelqu'un veut me suivre ; mais à ses Apôtres : Voulez - vous aussi vous retirer ? Ne donnant point atteinte à la Loi ; par laquelle l'homme libre & maître de lui-même , choisit la mort ou la vie.* Les Hérétiques les plus odieux , ont été sans contestation les Manichéens ;

Saint Augustin paroît en demeurer d'accord ; cependant voici comme il leur parle : *Illi sæviant in vos qui nesciunt quo cum labore verum inveniatur, & quàm difficilè caveantur errores ; illi sæviant in vos, qui nesciunt quàm rarum & arduum sit carnalia phantasmata præ mentis cæcitate superare ; illi sæviant in vos, qui nesciunt quantâ difficultate sanetur oculus interioris hominis, ut possit intueri solem suum ; ego verò sævire in vos non possum, quos sicut alii me ipsum alio tempore sustinuerunt, ita nunc debeo sustinere, & tantâ patientiâ vobiscum agere, quantâ mecum egerunt proximi mei, cum in vano dogmate rabiosus & cæcus errarem.* Le faux zele n'est pas capable de ces réfléxions, ni de cette modération ; maisle s Con-

ciles se sont opposez à ses em-
portemens ; de - là tant de Ca-
nons qui défendent de forcer
les Juifs, & de baptiser malgré
eux leurs enfans. Saint Gregoire Pape , traite de nouveauté
cette maniere de faire des Pro-
selytes ; & saint Athanase que
nous avons déja cité, en con-
clut contre les Ariens , qu'ils
étoient dans l'erreur , puisqu'ils
établissoient leur secte par la
violence. De quel scandale ne
fut point suivie celle que souf-
frirent les Priscillianistes , par
l'indiscretion d'Ithacius & d'I-
dacius ? Les Evêques d'Espagne & des Gaules se séparerent
de la Communion de ces deux
Prélats, & saint Martin ayant
communiqué avec eux par com-
plaisance, pour l'Empereur, qui
ne voulut revoquer ses ordres
qu'à cette condition , ce Saint

T iij

s'en repentit auſſi - tôt & ſe condamna à une rude pénitence.

Le Prince peut néanmoins
réduire ceux de ſes ſujets qui
ſont d'une Religion différente
de celle du Pays & qui troublent
la tranquillité publique ; car
alors il ne les pourſuit pas comme Religionaires, mais comme
ſéditieux.

Dans la guerre qu'un peuple
fait à un autre peuple à cauſe
de ſa Religion, ceux qui la
profeſſent peuvent armer, puiſqu'il s'agit d'un interêt qui leur
eſt commun.

11°. Les guerres qui n'ont
pour fondement que l'ambition
& l'avarice, ne méritent point
d'être appellées des guerres, mais
des brigandages ; c'eſt le nom
que leur donne ſaint Auguſtin :
*Inferre bella finitimis , & inde
in cætera procedere ac populos*

sibi non molestos solâ regni cupi-
ditate conterere , quid aliud
quam grande latrocinium nomi-
nandum est ? Seneque & Lucain
en avoient la même idée ; de-là
vient que dans leurs écrits ils
qualifient Alexandre de brigand ; & un Capitaine de Cor-
saires que ce Prince maltraitoit
de paroles , lui rendit le change,
& le couvrit de confusion par
cette réponse : Seigneur, je suis
un brigand , parce que je n'ai
qu'un vaisseau & un petit nombre de soldats : mais si j'avois
une armée aussi puissante que la
vôtre , je joüirois du titre de
conquerant.

CHAPITRE VIII.

De la déclaration de la guerre.

L'Usage est qu'on déclare la guerre, avant que de la commencer ; c'est pourquoi Ciceron dit qu'*il n'y en a point de légitime qui n'ait été dénoncée.* Cette formalité tend à effrayer l'ennemi, par la vûë du peril qu'il court, & à l'obliger de rendre justice à la Puissance qui le menace. Les Etats voisins se rassurent encore par cette déclaration, qui contient les motifs de la guerre.

CHAPITRE IX.

De la maniere de faire la guerre.

LEs fins que les hommes se proposent, sont la regle de leurs actions ; & ainsi pour prononcer sur la maniere dont il est permis de faire la guerre, il faut examiner les fins qu'on s'y propose. La fin générale de la guerre, est de s'opposer aux entreprises des étrangers. C'est pourquoi tout ce qui peut ruiner ces entreprises, & qui est conforme au Droit des Gens, est licite.

Les fins particulieres de la guerre sont les mêmes, que nous avons rapportées comme des raisons légitimes de la faire ; tellement qu'il se faut conduire selon les raisons qui y ont déterminé.

On demande si dans la guerre qu'on soutient pour se défendre, on doit désarmer après avoir repoussé l'ennemi ; & si dans celles qu'on a déclarées pour un droit d'hommage, pour un payement, pour la restitution d'une prise & de tout ce qu'il vous plaira, on doit se retirer après avoir mis son ennemi à la raison ? Il est aisé de juger que cette douceur le gâteroit, & qu'elle l'accoutumeroit à l'injustice. La charité veut donc qu'on le châtie, & plus il est leger & broüillon, plus il le faut resserrer ; c'est - à - dire, qu'il faut l'affoiblir de telle sorte, qu'il ne puisse rien entreprendre. La justice veut de plus, qu'il tienne compte au vainqueur des dépenses dans lesquelles il l'a jetté, & du dommage qu'il lui a fait souffrir ; & parce que les

Societez font entre elles, comme les hommes dans l'Etat de nature ; qu'elles ont droit à tout, & que dans la guerre, elles peuvent ufer de ce droit ; le vainqueur a celui de dépoüiller le vaincu, & de s'emparer de fes Etats. Cependant il doit commander à fon reffentiment dans la vengeance des injures, & fe fouvenir que la cruauté eft contraire à la nature

Les grands exploits font plûtôt l'ouvrage de l'adreffe que de la force, & les ftratagêmes ont toûjours été eftimez : *Dolus an virtus, quis in hofte requirat ?* dit le Poëte : & faint Chryfoftome ; *que fi l'on examine les heureux fuccès des plus grands Capitaines, on trouvera que la plûpart font dûs à l'artifice, & qu'il eft plus glorieux, fans comparaifon, de vaincre de la for-*

te que par la force. Saint Augustin dont la morale est si exac-
te , ne laisse pas de leur donner
son approbation : *cùm bellum
justum suscipitur* , dit ce Pere ,
*vi apertâ pugnet quis , an ex
insidiis, nihil ad justitiam inter-
est.*

CHAPITRE X.

*Réfléxions générales pour la con-
duite du Prince , avec les autres Souverains.*

JE finirai cet Ouvrage par les
réfléxions suivantes ; la premiere , que le Prince doit regar-
der tous les Princes , & tous les
Etats voisins comme autant d'ennemis qui sont dans la volonté
de lui nuire , & qui n'en man-

queront pas les occaſions quand elles ſe preſenteront.

La ſeconde réfléxion, que les Princes & les Etats voiſins avec qui il a le plus de liaiſon, & qui paroiſſent lui être le plus attachez, ne le ſont en effet, que par rapport à leur interêt, que pour tirer de lui des avantages, ſans lui en apporter, & qu'ils l'abandonneront ſi-tôt qu'il ceſſera de leur être utile.

La troiſiéme réfléxion, qu'il ne ſe doit fier par conſequent qu'aux Princes & aux Etats voiſins qui ont interêt d'être unis avec lui ; & qu'il ſe doit défier de ceux qui n'ont aucun interêt de le ménager : à plus forte raiſon de ceux qui ont interêt de lui nuire.

La quatriéme réfléxion, qu'il ne doit jamais contribuer à la proſperité d'un Prince & d'un

Etat voiſin ; au contraire, qu'il doit la troubler par toutes les voyes que la raiſon authoriſe.

La cinquiéme réfléxion, qu'il doit entretenir des eſpions dans les Cours voiſines & les Cours éloignées, afin d'être informé de tout ce qui ſe paſſe. Qu'il doit encore y entretenir des Ambaſſadeurs dans la même vûë, & pour ſoutenir la réputation & la majeſté de ſon Etat.

La ſixiéme réfléxion, qu'il doit ſe mêler de tous les différends de ſes voiſins, tâcher de s'en rendre juge & arbitre ; non ſeulement pour ſa gloire, mais encore pour ſon profit : parce qu'il y a toûjours quelque choſe à gagner dans les médiations.

La ſeptiéme réfléxion, qu'il doit avoir toûjours des troupes sur pied , tant pour se faire craindre & se rendre nécessaire , que pour se mettre à couvert des surprises , & prévenir les guerres domestiques, par les étrangeres ; les Etats qui sont long-tems en paix avec leurs voisins, ayant coutume de tourner leurs forces contre eux-mêmes par les divisions.

La huitiéme & la derniere réfléxion , que les petits Etats se soutiennent plûtôt par l'adresse que par la force ; qu'ils doivent aller au devant des querelles de leurs voisins plus puissans qu'eux ; & s'ils ne peuvent empêcher ces querelles , qu'ils doivent tâcher de demeurer neutres , pour n'être pas engloutis par celui des deux partis contre lequel ils se déclareroient ; & s'ils sont obligez de le faire, qu'ils ne doivent point balancer à se déclarer en faveur du parti le plus fort.

Quàm multa quàm paucis? Cicero ad D. Brutum.

FIN.

L'Auteur recevra chez luy, ruë des Maçons, Hôtel faint Charles, proche de la Place de Sorbonne, tous ceux qui auront des difficultez à lui propofer.